Como desfrutar sua vida e seu trabalho

Como desfrutar sua vida e seu trabalho

Dale Carnegie

SEXTANTE

Este livro é uma compilação de partes de *Como fazer amigos e influenciar pessoas*, Copyright © 1936 por Dale Carnegie, Copyright renovado © 1964 por Donna Dale Carnegie e Dorothy Carnegie, Copyright da edição revista © 1981 por Donna Dale Carnegie e Dorothy Carnegie, e *Como evitar preocupações e começar a viver*, Copyright © 1944, 1945, 1946, 1947, 1948 por Dale Carnegie, Copyright © 1984 por Donna Dale Carnegie e Dorothy Carnegie, Copyright renovado © 1975 por Donna Dale Carnegie e Dorothy Carnegie

Título original: *How to Enjoy your Life and your Job*

Copyright © 1970, 1985 por Donna Dale Carnegie e Dorothy Carnegie
Copyright da tradução © 2019, 2020 e 2021 por GMT Editores Ltda.

Todos os direitos reservados. Publicado mediante acordo com a editora original, Simon & Schuster, Inc. Nenhuma parte deste livro pode ser utilizada ou reproduzida sob quaisquer meios existentes sem autorização por escrito dos editores.

tradução: Ângelo Lessa, Livia de Almeida e Marcelo Schild
preparo de originais: Ângelo Lessa e Sibelle Pedral
revisão: Hermínia Totti, Luis Américo Costa, Milena Vargas e Sheila Louzada
projeto gráfico e diagramação: DTPhoenix Editorial
capa: DuatDesign
impressão e acabamento: Associação Religiosa Imprensa da Fé

CIP-BRASIL. CATALOGAÇÃO NA PUBLICAÇÃO
SINDICATO NACIONAL DOS EDITORES DE LIVROS, RJ

C286c

Carnegie, Dale, 1888-1955
 Como desfrutar sua vida e seu trabalho / Dale Carnegie; [tradução Ângelo Lessa, Livia de Almeida, Marcelo Schild]. – 1. ed. – Rio de Janeiro: Sextante, 2021.
 176 p.; 23 cm.

 Tradução de: How to enjoy your life and your job
 ISBN 978-65-5564-228-5

 1. Autorrealização (Psicologia). 2. Sucesso. 3. Sucesso nos negócios. 4. Satisfação no trabalho. 5. Conduta de vida. 6. Técnicas de autoajuda. I. Lessa, Ângelo. II. Almeida, Livia de. III. Schild, Marcelo. IV. Título.

21-73214
CDD: 158.1
CDU: 159.947

Camila Donis Hartmann – Bibliotecária – CRB-7/6472

Todos os direitos reservados, no Brasil, por
GMT Editores Ltda.
Rua Voluntários da Pátria, 45 – Gr. 1.404 – Botafogo
22270-000 – Rio de Janeiro – RJ
Tel.: (21) 2538-4100 – Fax: (21) 2286-9244
E-mail: atendimento@sextante.com.br
www.sextante.com.br

Sumário

Prefácio   7
Por Dorothy Carnegie

Trechos de

Como evitar preocupações e começar a viver

Parte um

Sete caminhos para encontrar a paz e a felicidade

1. Encontre a si mesmo e seja autêntico: não há ninguém no mundo como você   11

2. Quatro bons hábitos de trabalho que ajudam a evitar o cansaço e a preocupação   18

3. Por que você vive cansado e o que fazer para evitar   23

4. Como eliminar o tédio que produz cansaço, preocupações e ressentimentos   28

5. Você trocaria tudo que tem por 1 milhão?   36

6. Ninguém chuta cachorro morto   43

7. Faça isto e as críticas não terão o poder de ferir você   47

Trechos de
Como fazer amigos e influenciar pessoas

Parte dois
Técnicas fundamentais para lidar com pessoas

8.	"Se você quer colher o mel, não chute a colmeia"	53
9.	O grande segredo para lidar com pessoas	66
10.	"Quem consegue isso tem o mundo inteiro a seu lado; quem não consegue trilha um caminho solitário"	77
11.	Faça isto e você será bem-vindo em qualquer lugar	93
12.	Como fazer as pessoas gostarem de você à primeira vista	104

Parte três
Maneiras de fazer as pessoas pensarem como você

13.	Um jeito infalível de fazer inimigos e como evitá-lo	116
14.	Uma gota de mel	127
15.	O segredo de Sócrates	135
16.	Como conseguir cooperação	140
17.	Um apelo que todos adoram	146

Parte quatro
Maneiras de mudar as pessoas sem ofender nem causar ressentimentos

18.	Como fazer críticas e não ser odiado	152
19.	Fale primeiro sobre seus próprios erros	156
20.	Ninguém gosta de receber ordens	161
21.	Não deixe ninguém constrangido	164
	Sobre o autor	171

Prefácio

JÁ PAROU PARA PENSAR que a maioria das pessoas passa a maior parte da vida no trabalho, seja ele qual for?
   Isso significa que nossa atitude em relação ao trabalho pode determinar se nossos dias são repletos de empolgação e da realização que sentimos quando temos um ótimo desempenho – ou se sentimos, acima de tudo, frustração, tédio e cansaço.
   O Curso Dale Carnegie® foi criado para ajudar você a alcançar o máximo do seu dia de trabalho em termos de satisfação profissional, ensinando seus participantes a atingir 100% de produtividade *o tempo todo*. À medida que for lendo este livro, avalie sua forma de lidar com a vida e as pessoas, e então comece a aproveitar seus pontos fortes e descubra quantos talentos e habilidades você tem e nem sabia – e também como é divertido usar essas habilidades.
   Este livro é uma coletânea de capítulos selecionados de edições revisadas de dois dos maiores best-sellers de Dale Carnegie: *Como fazer amigos e influenciar pessoas* e *Como evitar preocupações e começar a viver*. Escolhemos os trechos mais relevantes desses livros para pessoas como você. Você quer ter uma vida cheia de realizações, um senso de harmonia e propósito, a sensação de que está usando seus recursos internos da melhor forma possível. Este livro vai ajudá-lo a alcançar esses objetivos.

Participar de um Curso Dale Carnegie® é uma aventura de autodescoberta e pode ser um momento de virada na sua vida. Você já possui as habilidades que podem tornar sua vida gloriosa – elas estão ocultas dentro de você. Agora você só precisa ter determinação para descobri-las e usá-las.

DOROTHY CARNEGIE
Presidenta da diretoria
Dale Carnegie & Associates

PARTE UM

Sete caminhos para encontrar a paz e a felicidade

D<small>ALE</small> C<small>ARNEGIE ESCREVEU O LIVRO</small> *Como evitar preocupações e começar a viver* para mostrar que a vida é basicamente o que fazemos dela. Se antes de tudo aprendermos a nos aceitar como somos, enxergando as partes boas e as não tão boas com a mesma clareza, e depois começarmos a fazer o que for preciso para alcançar nossos objetivos, muito provavelmente não teremos a necessidade ou a vontade de perder tempo e energia com preocupações.

1

Encontre a si mesmo e seja autêntico: não há ninguém no mundo como você

Guardo comigo uma carta da Sra. Edith Allred, de Mount Airy, Carolina do Norte, na qual ela escreve: "Quando criança, eu era extremamente sensível e tímida. Estava sempre acima do peso e tinha bochechas enormes. Minha mãe era antiquada e achava bobagem se preocupar em usar roupas bonitas. Eu nunca ia a festas, nunca me divertia. Quando ia para a escola, nunca me juntava às outras crianças em atividades ao ar livre, nem mesmo para as aulas de educação física. Eu era tímida de um jeito mórbido. Sentia que era 'diferente' de todo mundo e que ninguém queria saber de mim."

Edith contou que acabou se casando com um homem muitos anos mais velho do que ela, mas mesmo assim não mudara. "A família do meu marido era equilibrada e autoconfiante – tudo que eu deveria ser, mas não era. Eu tentava ao máximo imitá-los; impossível. Todas as tentativas deles para me deixar à vontade apenas faziam com que eu me escondesse ainda mais na minha concha. Fiquei nervosa e irritável. Evitava todos os amigos. Tinha horror até mesmo do toque da campainha. Eu era um fracasso, sabia disso e temia que meu marido descobrisse. Portanto, sempre que estávamos em público, eu tentava ser alegre e exagerava no papel. Depois, percebia meu exagero e ficava arrasada durante dias. A certa altura, estava tão infeliz que não via mais sentido em continuar vivendo. Comecei a pensar em suicídio."

O que mudou a vida dessa mulher infeliz? Apenas um comentário fortuito!

"Um dia, ouvi minha sogra falar sobre como tinha criado os filhos. Eis o que ela disse: 'Não importava o que acontecesse, eu sempre insistia que eles fossem autênticos, que fossem eles mesmos.' Foi esse comentário que me fez mudar! Em um lampejo, me dei conta de que impusera enorme sofrimento a mim mesma tentando me encaixar em um padrão ao qual não me adequava. Mudei radicalmente! Comecei a ser eu mesma. Tentei fazer um estudo da minha personalidade, descobrir *o que eu era*. Estudei meus pontos fortes. Aprendi tudo que consegui sobre cores e estilos e passei a me vestir de uma maneira que me favorecia. Procurei fazer amigos. Ingressei em uma organização – no início, de pequeno porte – e fiquei petrificada de medo quando me incluíram em um programa. A cada vez que eu falava, porém, ganhava um pouco de coragem. Demorou, mas hoje sou muito mais feliz do que jamais imaginei. Ao criar meus filhos, sempre ensinei a eles a lição que precisei aprender por meio de uma experiência tão amarga: *Não importa o que aconteça, seja sempre você mesmo!*"

Estar disposto a ser você mesmo é um dilema "tão antigo quanto a história", afirma o Dr. James Gordon Gilkey, "e tão universal quanto a vida humana". Não se assumir é o gatilho por trás de muitos complexos, neuroses e psicoses. Angelo Patri, que escreveu 13 livros e milhares de artigos em jornais de circulação nacional sobre educação infantil, observa: "Ninguém é tão infeliz quanto aquele que deseja ser diferente da pessoa que é no corpo e na mente."

Essa ânsia por ser algo que você não é está particularmente disseminada em Hollywood. Sam Wood, um dos mais conhecidos diretores americanos, disse que sua maior dor de cabeça com atores iniciantes é justamente fazer com que sejam autênticos. Todos querem ser Lana Turners ou Clark Gables. "O público já conhece esses astros", Sam Wood repetia para eles, "e agora quer algo diferente".

Antes de começar a dirigir filmes como *Adeus, Mr. Chips* e *Por quem os sinos dobram*, Sam Wood passou anos no ramo imobiliário, treinando equipes de vendas. Para ele, os mesmos princípios do mundo dos negócios se aplicam ao do cinema. Você não chegará a lugar nenhum interpretando um macaco ou agindo como um papagaio. "A experiência me ensinou", diz

Sam Wood, "que é mais seguro abrir mão, o mais rápido possível, de pessoas que fingem ser o que não são".

Perguntei a Paul Boynton, na época diretor de recursos humanos de uma grande empresa de petróleo, qual é o maior erro que as pessoas cometem ao se candidatarem a uma vaga. Ele devia saber: tinha entrevistado mais de 60 mil pessoas em busca de trabalho e escreveu um livro chamado *6 Ways to Get a Job* (6 maneiras de conseguir um emprego). Paul Boynton disse: "O maior erro é não serem elas mesmas. Em vez de relaxarem e se comportarem de maneira honesta, elas oferecem as respostas que acham que você quer ouvir." Mas isso não funciona, pois ninguém quer um farsante. Ninguém procura uma moeda falsa.

Sei de um condutor de bonde cuja filha aprendeu essa lição da maneira mais difícil. Ela queria ser cantora, mas sua fisionomia não ajudava: tinha a boca grande e era dentuça. Quando cantou pela primeira vez em público, em um clube noturno de Nova Jersey, a jovem tentou cobrir os dentes fazendo um biquinho, simulando um "glamour" que não tinha. O resultado? Fez um papel ridículo. Convenceu-se de que estava destinada ao fracasso.

No entanto, um homem na plateia ouviu-a cantar e achou que ela tinha talento. Procurou-a e foi muito direto em sua crítica: "Assisti à sua apresentação e sei o que você está tentando esconder. Você tem vergonha dos seus dentes!" A jovem ficou constrangida, mas o homem continuou: "E daí? É algum crime ter dentes salientes? Não tente esconder essa característica! Abra a boca e a plateia vai aplaudir quando vir que você não sente vergonha. Além disso", disse ele, astutamente, "esses dentes que você está tentando esconder podem lhe render uma fortuna!"

Cass Daley aceitou o conselho e esqueceu seus dentes. Daquele momento em diante, ela só pensou no público. Abria bem a boca e cantava com tanto prazer que se tornou uma das maiores estrelas do cinema e do rádio. Outros comediantes tentavam *copiá-la*!

O filósofo William James declarou certa vez que uma pessoa comum desenvolve, em média, apenas 10% de suas habilidades mentais latentes. Ele se referia àquelas que nunca tinham encontrado o próprio "eu". "Em comparação com o que deveríamos ser", escreveu, "estamos apenas parcialmente despertos. Só fazemos uso de uma pequena parte de nossos recursos mentais e físicos. De maneira geral, os indivíduos humanos vivem muito aquém de seus limites. Eles possuem poderes de vários tipos que, habitualmente, deixam de usar".

Você e eu temos essas habilidades, portanto não desperdicemos um segundo sequer nos preocupando com o que nos faz diferentes das outras pessoas. Desde o princípio dos tempos, nunca houve alguém exatamente como você; e nunca mais, em todas as eras que ainda estão por vir, haverá alguém exatamente como você. A genética nos informa que você é sobretudo o resultado da combinação entre os cromossomos que herdou de seu pai e os que vieram de sua mãe. Essa mistura de cromossomos determina todas as suas características. Em cada um deles pode haver, segundo Amram Scheinfeld, "algo entre dezenas e centenas de genes – sendo um único gene, em alguns casos, capaz de mudar a vida inteira de um indivíduo". De fato, somos criaturas "maravilhosas e assustadoras".

Mesmo depois de sua mãe e seu pai terem se conhecido e se relacionado sexualmente, havia apenas uma chance em 300 bilhões de que nascesse especificamente você! Em outras palavras, se você tivesse 300 bilhões de irmãos e de irmãs, todos seriam diferentes de você. Isso tudo é especulação? Não. É um fato científico. Se quiser ler mais sobre isso, consulte *Você e a hereditariedade*, de Amram Scheinfeld.

Posso falar com convicção sobre esse tema de ser você mesmo, pois tenho sentimentos fortes em relação a ele. Sei do que estou falando, e sei por uma experiência amarga e custosa. Quando cheguei pela primeira vez a Nova York, vindo dos milharais do Missouri, inscrevi-me na Academia Americana de Artes Dramáticas. Meu sonho era ser ator. Eu tinha o que imaginava ser uma ideia brilhante, um atalho para o sucesso. Era uma ideia tão simples, tão à prova de falhas, que eu não conseguia compreender como milhares de pessoas ambiciosas ainda não tinham pensado nisso. A ideia era a seguinte: eu estudaria como os atores famosos da época – John Drew, Walter Hampden e Otis Skinner – compunham seus personagens. Depois, eu imitaria os melhores pontos de cada um e me tornaria uma combinação brilhante e triunfante de todos eles. Que besteira! Que absurdo! Desperdicei anos da minha vida imitando outros até entrar na minha cabeça dura do Missouri que eu precisava ser eu mesmo e que era impossível ser qualquer outra pessoa.

Essa experiência perturbadora deveria ter me ensinado uma lição para sempre. Mas não ensinou. Não a mim. Eu era burro demais. Precisava aprender tudo de novo. Vários anos depois, decidi escrever o melhor livro sobre oratória para empresários. Tive a mesma ideia tola da época em que quis ser ator: pegaria *emprestadas* as ideias de vários escritores e as reuniria em um único volume – um livro que teria tudo. Para tanto, comprei dezenas de obras sobre oratória e passei um ano incorporando as ideias daqueles autores ao meu manuscrito. Outra vez, percebi que estava fazendo papel de bobo. O emaranhado de ideias de outros que eu tinha escrito era tão sintético, tão tedioso, que nenhum executivo o leria. Dessa vez, eu disse para mim mesmo: "Você precisa ser Dale Carnegie, com todas as suas falhas e limitações. Não é possível ser ninguém além de você mesmo." Portanto, desisti de tentar ser uma combinação de outros autores, arregacei as mangas e fiz o que deveria ter feito desde o começo: escrevi um livro sobre oratória a partir das minhas experiências, observações e crenças como orador e como professor de oratória. Aprendi – para sempre, espero – a lição que Sir Walter Raleigh aprendeu. (Não estou falando do Sir Walter que jogou seu casaco na lama para a rainha atravessar uma poça, e sim do professor de Literatura de Oxford em 1904.) "Não posso escrever um livro que se equipare a Shakespeare", disse ele, "mas posso escrever um livro escrito por mim".

Seja você mesmo. Siga o sábio conselho que Irving Berlin deu ao falecido George Gershwin. Quando ambos se conheceram, Berlin já era famoso, mas Gershwin era um jovem compositor em dificuldades trabalhando por 35 dólares por semana na Tin Pan Alley. Berlin, impressionado com o talento de Gershwin, ofereceu-lhe emprego como seu assistente musical ganhando quase o triplo do que ele recebia. "Mas não aceite a proposta", aconselhou Berlin. "Se o fizer, você talvez se transforme em um Berlin de segunda categoria. No entanto, se insistir em ser você mesmo, algum dia se tornará um Gershwin de primeira categoria."

Gershwin acatou a advertência e, com o tempo, tornou-se um dos grandes compositores americanos da sua geração.

Charlie Chaplin, Will Rogers, Mary Margaret McBride, Gene Autry e milhões de outros precisaram aprender a lição que estou tentando fixar na sua mente neste capítulo. E aprenderam da maneira difícil – exatamente como eu.

Quando Charlie Chaplin começou a fazer cinema, o diretor insistia para que ele imitasse um comediante alemão popular na época, mas Chaplin não chegou a lugar nenhum enquanto não interpretou a si mesmo. Bob Hope teve uma experiência parecida: passou anos em um espetáculo de canto e dança – e não chegou a lugar nenhum até começar a contar piadas e a ser ele mesmo. Will Rogers girou cordas em espetáculos durante anos sem dizer uma única palavra. Ele não chegou a lugar nenhum até descobrir seu dom único para o humor e começar a falar enquanto se apresentava no vaudeville.

Quando Mary Margaret McBride foi ao ar pela primeira vez, tentou ser uma comediante irlandesa e fracassou. Ao tentar ser apenas o que era – uma garota simples do interior do Missouri –, tornou-se uma das estrelas do rádio mais populares de Nova York.

Quando Gene Autry tentou se livrar do seu sotaque texano, vestiu-se como os rapazes da cidade e disse ser de Nova York, as pessoas apenas riam dele pelas costas. Mas, quando começou a tocar seu banjo e a cantar baladas de caubói, deu o pontapé inicial numa carreira que fez dele o caubói mais popular dos filmes e do rádio.

Você é uma novidade neste mundo. Alegre-se com isso. Extraia o máximo daquilo que a natureza lhe deu. Em última análise, toda arte é autobiográfica. Você só pode cantar o que você é. Só pode pintar o que você é. Você deve ser o que suas experiências, seu ambiente e sua hereditariedade fizeram de você. Cabe a você cultivar seu pequeno jardim. Cabe a você tocar seu pequeno instrumento na orquestra da vida.

Em seu ensaio "Autoconfiança", Emerson escreveu: "Existe um momento na educação de todo homem em que ele se convence de que inveja é ignorância, de que imitação é suicídio, de que ele deve se aceitar, para melhor ou para pior, do jeito que é. Embora o universo seja repleto de coisas boas, nenhuma espiga de milho chegará até ele se não cultivar, com seu trabalho, o pedaço de terra que lhe é dado para o plantio. O poder que há nele é novo por natureza, e ninguém, exceto ele, sabe o que pode fazer, tampouco ele próprio, até que tenha experimentado."

Foi isso que Emerson disse. Mas estas são as palavras de um poeta – o falecido Douglas Mallock:

Se você não pode ser um pinheiro no topo da colina,
   Seja o arbusto no vale – mas seja
O melhor arbusto pequeno à margem do riacho;
   Seja um arbusto, se não puder ser uma árvore.

Se não puder ser um arbusto, seja um pouco da grama
  E torne alguma estrada mais alegre;
Se não puder ser um lúcio, seja então apenas um robalo,
  Mas o robalo mais vivaz do lago!

Não podemos todos ser capitães, precisamos ser tripulação,
  Existe algo para todos nós aqui.
Grandes trabalhos a serem feitos, e pequenos também,
  E nossa próxima tarefa deve ser a que está à mão.

Se você não pode ser uma estrada, seja então apenas uma trilha,
  Se não pode ser o sol, seja uma estrela;
Não é pelo tamanho que você vence ou fracassa –
  Seja o melhor do que quer que você seja!

Para cultivar uma atitude mental que lhe trará paz e o libertará de preocupações, lembre-se:

Não imite os outros.

Descubra quem você é e seja você mesmo.

2

Quatro bons hábitos de trabalho que ajudam a evitar o cansaço e a preocupação

Bom hábito de trabalho número 1:
Tire da sua mesa todos os papéis, exceto aqueles relacionados ao problema que você precisa resolver agora.

Roland L. Williams, presidente da estrada de ferro Chicago and Northwestern, disse certa vez: "Uma pessoa cuja mesa está entulhada de papéis sobre vários assuntos achará seu trabalho muito mais fácil e mais eficaz se remover tudo que não se refira à tarefa em questão. Chamo isso de manter a casa bem arrumada. É o primeiro passo rumo à eficiência."

Na Biblioteca do Congresso, em Washington, D. C., há uma frase do poeta Pope pintada no teto:

"Ordem é a primeira lei do Paraíso."

A ordem também deveria ser a primeira lei dos negócios. Mas é? Não. Em geral, a mesa de trabalho vive entupida de papéis que não são olhados há semanas. Certa vez, o editor de um jornal de Nova Orleans me contou que, ao arrumar uma de suas mesas, sua secretária encontrara uma máquina de escrever que estava sumida havia dois anos!

A mera visão de uma mesa coberta por correspondências a responder, relatórios e memorandos é o bastante para gerar confusão, tensão e preocupações. Ou pior: o lembrete constante de que você tem "um milhão de coisas para fazer e nenhum tempo para fazê-las" pode preocupar você não apenas ao ponto da tensão e do cansaço, mas também provocar pressão alta, problemas cardíacos e úlceras.

O Dr. John H. Stokes, professor da Escola de Pós-Graduação de Medicina da Universidade da Pensilvânia, leu um artigo intitulado "Neuroses funcionais como complicações de doenças orgânicas" diante da Convenção Nacional da Associação Médica Americana. Nele o Dr. Stokes listou 11 doenças sob o título "O que procurar no estado mental do paciente". O primeiro item da lista:

O senso de dever ou de obrigação; a extensão interminável de tarefas que simplesmente precisam ser feitas.

Mas como procedimentos tão elementares quanto limpar a mesa e tomar decisões ajudam a evitar essa pressão, essa sensação de *obrigação*, de que temos diante de nós uma "extensão interminável de tarefas que simplesmente precisam ser feitas"? O famoso psiquiatra William L. Sadler me falou de um paciente que, utilizando esse simples recurso, evitou um colapso nervoso. O homem era um executivo de uma grande firma de Chicago. Quando foi ao consultório do Dr. Sadler, estava tenso, nervoso, preocupado. Sabia que estava prestes a desmoronar, mas não conseguia abandonar o trabalho. Ele precisava de ajuda.

"Enquanto o homem me contava sua história", disse o Dr. Sadler, "meu telefone tocou. Era do hospital. Em vez de pedir para ligarem depois, acabei resolvendo o assunto na hora. Sempre que é possível, não adio os problemas. Eu mal havia desligado quando o telefone tocou de novo; outra questão urgente, que parei para discutir. A terceira interrupção ocorreu quando um colega veio ao meu consultório pedir aconselhamento sobre um paciente que estava muito mal. Ao encerrar essa conversa, comecei a me desculpar com meu paciente por deixá-lo esperando. Mas ele havia se animado. Tinha uma expressão completamente diferente no rosto".

O homem disse para o Dr. Sadler:

– Não se desculpe, doutor! Nos últimos 10 minutos, acho que descobri o que está errado comigo. Vou voltar para meu escritório e repensar meus hábitos. Mas, antes que eu vá, o senhor se incomodaria se eu desse uma olhada na sua escrivaninha?

O Dr. Sadler mostrou as gavetas de sua escrivaninha. Todas vazias – exceto por material de escritório.

– Onde fica a sua pilha de assuntos a resolver? – perguntou o paciente.

– Não tenho pilha de assuntos pendentes. Estão todos resolvidos – disse Sadler.

– E onde o senhor guarda as correspondências por responder?

– Está tudo respondido! – Sadler disse a ele. – Minha regra é nunca arquivar uma carta antes de respondê-la.

Seis semanas depois, o mesmo executivo chamou o Dr. Sadler para ir ao seu escritório. O homem estava mudado – e sua escrivaninha também. Ele abriu as gavetas para mostrar ao médico que não havia assuntos pendentes nelas. "Há seis semanas", relatou o executivo, "eu tinha três escrivaninhas em dois escritórios e estava soterrado de trabalho. Eu nunca terminava. Depois de falar com o senhor, voltei para cá e eliminei um caminhão de relatórios e papéis velhos. Agora, tenho uma escrivaninha só e resolvo os problemas à medida que aparecem. Não tenho uma montanha de negócios incompletos me incomodando e me deixando tenso e preocupado. O mais impressionante é que me recuperei totalmente. Não há mais nada de errado com a minha saúde!"

Charles Evans Hughes, ex-presidente da Suprema Corte dos Estados Unidos, disse: "Homens não morrem de excesso de trabalho. Eles morrem de desperdício e de preocupação." Sim, de desperdício de energia – e de preocupação – porque, por mais coisas que façam, a sensação é de que seu trabalho nunca acaba.

Bom hábito de trabalho número 2:
Faça as coisas segundo a ordem de importância.

Henry L. Doherty, fundador da Cities Service Company, disse que, mesmo que oferecesse os salários mais altos, havia duas capacidades inestimáveis que ele achava praticamente impossível encontrar em um funcionário:

Primeiro, a capacidade de pensar. Segundo, a capacidade de fazer as coisas segundo a ordem de importância.

Charles Luckman, que começou do zero e em 12 anos tornou-se presidente da Pepsodent, recebia 100 mil dólares por ano e ainda juntou um patrimônio de 1 milhão. Pois ele declarou que devia muito do seu sucesso ao desenvolvimento dessas duas capacidades que Henry L. Doherty achava praticamente impossível encontrar. Charles Luckman disse: "Desde que consigo me lembrar, acordo às cinco da manhã, pois nesse horário consigo pensar melhor do que em qualquer outro. Planejo meu dia e o que farei em ordem de importância."

Frank Bettger, um dos vendedores de seguros mais bem-sucedidos dos Estados Unidos, planejava seu dia na noite anterior, definindo que venderia certa quantidade de seguros naquele dia. Se fracassasse, a quantidade remanescente era acrescida ao dia seguinte, e assim por diante.

Sei, por minha longa experiência, que nem sempre é possível cumprir nossas tarefas segundo uma ordem de importância. Mas também sei que algum tipo de planejamento para fazer o mais importante primeiro é infinitamente melhor do que improvisar durante o percurso.

Se George Bernard Shaw não tivesse adotado uma regra rígida de fazer o mais importante primeiro, provavelmente teria falhado como escritor e passaria o restante da vida como caixa de banco. Ele se obrigou a escrever cinco páginas por dia durante nove anos difíceis, mesmo recebendo um total de apenas 30 dólares naqueles nove anos – cerca de um centavo por dia. Até mesmo Robinson Crusoé escrevia um cronograma do que faria a cada hora do dia.

Bom hábito de trabalho número 3:
Quando surgir um problema, resolva-o na hora se tiver os recursos para isso. Não adie decisões.

Um dos meus ex-alunos, o falecido H. P. Howell, me contou que, quando era membro do conselho diretor da U. S. Steel, as reuniões da diretoria costumavam ser longas e arrastadas. Sempre havia muitos problemas a discutir e poucas decisões eram tomadas. O resultado: todos os membros da diretoria precisavam levar para casa um monte de relatórios para estudar.

Foi assim até o Sr. Howell convencer o conselho diretor a lidar com um problema de cada vez e chegar a uma decisão. Nada de procrastinação. A decisão poderia ser solicitar fatos adicionais, fazer algo ou não fazer nada. Mas eles sempre chegavam a uma decisão sobre cada problema antes de examinar o seguinte. Os resultados foram impressionantes e saudáveis: a agenda estava em dia. Não era mais necessário levar trabalho para casa. Acabou aquela sensação preocupante de problemas não solucionados.

Uma boa regra, não apenas para o conselho diretor da U. S. Steel, mas também para você e eu.

Bom hábito de trabalho número 4:
Aprenda a organizar, a delegar e a supervisionar.

Muitos empresários estão indo rapidamente para o túmulo, bem antes da hora, porque nunca aprenderam a delegar tarefas com responsabilidade, insistindo em fazer tudo por conta própria. Resultado: estão soterrados em excesso de detalhes e confusão. São movidos por pressa, preocupação, ansiedade e tensão. É difícil aprender a delegar. Sei disso porque era difícil para mim também. Conheço por experiência própria os desastres que podem advir de delegar autoridade às pessoas erradas. Porém, por mais difícil que seja, os executivos precisam fazê-lo para evitar preocupações, tensão e cansaço.

Executivos que constroem grandes negócios e não aprendem a organizar, a delegar e a supervisionar costumam morrer de problemas cardíacos na casa dos 50 anos ou, no máximo, com 60 e poucos – problemas cardíacos causados por tensão e preocupações. Quer um exemplo específico? Leia as notícias.

Para prevenir o cansaço e as preocupações:

1. Tire da sua mesa todos os papéis, exceto aqueles relacionados ao problema que você precisa resolver agora.
2. Faça as coisas segundo a ordem de importância.
3. Quando surgir um problema, resolva-o na hora se tiver os recursos para isso. Não adie decisões.
4. Aprenda a organizar, a delegar e a supervisionar.

3

Por que você vive cansado e o que fazer para evitar

E IS UM FATO IMPRESSIONANTE E IMPORTANTE: o trabalho mental, por si só, não cansa. Há alguns anos, cientistas tentaram descobrir por quanto tempo o cérebro humano conseguiria funcionar sem "reduzir sua capacidade para o trabalho", a definição científica de cansaço. O resultado foi surpreendente: os pesquisadores constataram que, quando o cérebro está ativo, o sangue que passa por ele, nutrindo-o, não altera seu ritmo. Se você coletasse sangue das veias de um operário enquanto ele está trabalhando, detectaria "toxinas de cansaço" e outros indicadores de fadiga. No entanto, se coletasse uma gota de sangue do cérebro de um Albert Einstein ao final de um dia de trabalho, não encontraria nenhuma "toxina de cansaço".

Ou seja, o cérebro pode funcionar "tão bem e tão rápido após 8 ou até 12 horas de esforço". É um órgão simplesmente incansável. Portanto, o que deixa você cansado?

Para a psiquiatria, a maior parte do nosso cansaço deriva das nossas atitudes mentais e emocionais. Um dos psiquiatras mais eminentes da Inglaterra, J. A. Hadfield, diz o seguinte em seu livro *The Psychology of Power* (A psicologia do poder): "A maior parte do nosso cansaço é de origem mental; na verdade, a exaustão de origem puramente física é rara." Seu colega americano A. A. Brill, outra sumidade da psiquiatria, vai além: "A totalidade do cansaço do trabalhador sedentário que goza de boa saúde deve-se a fatores psicológicos, isto é, emocionais."

Que fatores emocionais cansam o trabalhador sedentário (que trabalha sentado)? Alegria? Contentamento? De jeito nenhum. Tédio, ressentimento, a sensação de não ser valorizado ou de futilidade, pressa, ansiedade, preocupação – esses são os fatores emocionais que exaurem o trabalhador sedentário, tornam-no suscetível a gripes, reduzem sua produtividade e causam enxaqueca. Sim, ficamos cansados porque nossas emoções produzem tensões nervosas no corpo.

A Metropolitan Life Insurance Company, uma grande seguradora, publicou um folheto em que afirmava: "O trabalho duro, por si só, raramente provoca um cansaço que não possa ser curado com um bom sono ou descanso. (...) Preocupação, tensão e transtornos emocionais são três das maiores causas de exaustão. Mesmo quando o trabalho físico ou mental parece ser a causa, o vilão com frequência é outro. (...) Lembre-se de que um músculo tenso é um músculo realizando esforço. Relaxe! Economize energia para tarefas importantes."

Pare agora, exatamente onde está, e observe-se. Ao ler estas linhas, você está fazendo cara feia para o livro? Sente pressão entre os olhos? Está relaxado na sua cadeira ou encurvando os ombros? Os músculos do seu rosto estão tensos? A menos que seu corpo inteiro esteja tão relaxado quanto uma boneca de pano, você está, neste exato momento, produzindo tensões nervosas e musculares. *Está produzindo tensões musculares e fadiga mental!*

Por que produzimos essas tensões desnecessárias ao realizar trabalho mental? Daniel W. Josselyn explica: "Descobri que o principal obstáculo (...) é a crença praticamente universal de que trabalho duro exige uma sensação de esforço ou não será bem-feito." Portanto, fazemos cara feia quando nos concentramos. Curvamos os ombros. Convocamos nossos músculos a realizar o movimento de *esforço*, que em nada ajuda o trabalho do cérebro. Eis outra verdade impressionante e trágica: milhões de pessoas que jamais sonhariam em rasgar dinheiro desperdiçam energia como se ela fosse inesgotável.

Qual é a resposta para a fadiga mental? Relaxe! *Aprenda a relaxar enquanto está fazendo seu trabalho!*

Isso é fácil? Não. Você provavelmente precisará mudar hábitos muito arraigados. Mas vale o esforço, pois pode revolucionar sua vida! Em seu ensaio "O evangelho do relaxamento", William James escreveu: "O excesso de tensão, a instabilidade, a falta de ar e a fisionomia carregada (...) são *maus hábitos, apenas isso.*" *Tensão é um hábito. Relaxar é um hábito. Maus hábitos podem ser abandonados, da mesma forma que bons hábitos podem ser adquiridos.*

Como você relaxa? Começa pela mente ou pelo corpo? É simples: *comece a relaxar pelos músculos!*

Façamos uma tentativa começando pelos olhos. Leia este parágrafo inteiro e, quando tiver chegado ao final, recoste-se, feche os olhos e *diga em silêncio para seus olhos*: "Relaxem. Parem de se esforçar, parem de se apertar. Se soltem..." Repita isso várias vezes, lentamente, por um minuto. Você reparou que, depois de alguns segundos, os músculos dos olhos *começaram a obedecer*? Sentiu como se uma mão tivesse removido a tensão? Pois você experimentou nesse um minuto todo o segredo da arte do relaxamento. Faça o mesmo com a mandíbula, com os músculos do rosto, o pescoço, os ombros, o corpo inteiro. Os órgãos mais importantes de todos, porém, são os olhos. O Dr. Edmund Jacobson, da Universidade de Chicago, chegou ao ponto de dizer que quem consegue relaxar completamente os músculos dos olhos é capaz de esquecer todos os seus problemas! Por que os olhos são tão importantes quando se trata de aliviar a tensão nervosa? Porque consomem um quarto de toda a energia nervosa do corpo. Também é por isso que tantas pessoas com visão perfeita sofrem de "desgaste visual". Elas estão tensionando os olhos.

Quando era criança, a escritora Vicki Baum conheceu um velho que lhe ensinou uma das lições mais importantes de sua vida. Em uma queda, Vicki cortou os joelhos e machucou o pulso. Quem a socorreu foi o velho, que tinha sido palhaço de circo. Enquanto ele limpava os ferimentos, disse: "Você se machucou porque não sabe relaxar. Você precisa fingir que é tão mole quanto uma meia velha e amassada. Vou lhe mostrar como se faz." Então ele ensinou Vicki Baum e outras crianças a cair, dar cambalhotas e saltos mortais, sempre insistindo: "Pense que você é uma meia velha e amassada. Então, o jeito é relaxar!"

É possível relaxar em momentos inesperados e em quase qualquer lugar. Não se esforce para relaxar; *relaxamento é a ausência de qualquer tensão e esforço*. Comece pensando na distensão dos músculos dos olhos e do rosto, repetindo várias vezes: "Se solte... Se solte... Se solte e relaxe." Sinta a energia migrando dos músculos faciais para o centro do corpo. Pense em si mesmo como um bebê tranquilo, sem qualquer tensão.

Isso era o que a grande soprano Galli-Gurci costumava fazer. Helen Jepson me contou que, antes das apresentações, Galli-Gurci sentava-se em uma cadeira com todos os músculos relaxados e a mandíbula tão "solta" que chegava a pender. Uma prática excelente que combatia o nervosismo antes de entrar no palco e evitava o cansaço.

Confira quatro sugestões que ajudarão você a relaxar:

1. Relaxe em momentos inesperados. Deixe seu corpo mole como uma meia velha. Mantenho uma velha meia bordô sobre a minha mesa enquanto trabalho como um lembrete para relaxar. Se você não tem uma meia, um gato cumpre esse papel. Você já pegou um gatinho que estava dormindo ao sol? Observe que as extremidades do animal pendem como um jornal molhado. Os iogues da Índia dizem que, se você quer dominar a arte do relaxamento, deve estudar o gato. Nunca vi um gato cansado, com um colapso nervoso ou sofrendo de insônia, preocupação ou úlcera. Você provavelmente evitará tais desgastes se aprender a relaxar como um gato.
2. Trabalhe, na medida do possível, em uma posição confortável. Lembre-se de que tensões no corpo provocam dor nos ombros e fadiga mental.
3. Observe a si mesmo quatro ou cinco vezes por dia, perguntando-se: "Estou tornando meu trabalho mais difícil do que ele realmente é? Estou usando músculos que não têm nenhuma relação com o trabalho que realizo?" Isso ajudará você a adquirir o *hábito* de relaxar.
4. Ao final do dia, pergunte a si mesmo: "Exatamente quão cansado estou? Se me sinto dessa maneira, não é por causa do trabalho mental que fiz, e sim pela maneira como o fiz." Daniel W. Josselyn afirma: "Meço minhas realizações não pelo meu cansaço no final do dia, mas por quanto *não estou* cansado. Quando fico exausto ou irritado, sei, sem sombra de dúvida, que foi um dia ineficiente no que diz

respeito tanto à quantidade quanto à qualidade do que realizei." Se todo trabalhador e todo empresário aprendesse a mesma lição, a taxa de mortalidade por "hipertensão" despencaria da noite para o dia. E deixaríamos de lotar hospícios e asilos com pessoas que foram arrasadas pelo cansaço e pela preocupação.

4

Como eliminar o tédio que produz cansaço, preocupações e ressentimentos

UMA DAS PRINCIPAIS CAUSAS DO CANSAÇO É O TÉDIO. Vejamos o caso de Alice, uma executiva como outra qualquer. Certa noite, Alice chegou em casa completamente exausta. Ela *agia* como se estivesse cansada. Sentia dor de cabeça e nas costas. Estava tão esgotada que queria ir para a cama sem jantar. A mãe insistiu que ela comesse alguma coisa e Alice sentou-se à mesa sem a menor energia. O telefone tocou: era o namorado convidando-a para dançar! Os olhos de Alice brilharam. Ela correu para o quarto, colocou seu vestido favorito e dançou até as três da manhã. Quando voltou para casa, não estava nem um pouco exausta. Na verdade, estava tão feliz que não conseguia dormir.

O cansaço que Alice sentia oito horas antes era real. Estava exausta pois estava entediada com o trabalho, talvez com a vida. Existem milhões de Alices. Você pode ser uma delas.

É sabido que, de modo geral, o cansaço tem muito mais a ver com o estado emocional do que com esforço físico. O pesquisador Joseph E. Barmack publicou no periódico *Archives of Psychology* um relatório sobre alguns de seus experimentos mostrando como tédio produz cansaço. O Dr. Barmack submeteu um grupo de estudantes a uma série de testes nos quais ele sabia que haveria pouco interesse. O resultado? Os estudantes ficaram irritados, cansados e sonolentos, reclamaram de dor de cabeça e de fadiga visual. Alguns se queixaram de dor no estômago. Era tudo "imaginação"? Não. Exames físicos mostraram que a pressão sanguínea e o consumo de oxigênio de fato diminuem quando uma pessoa está entediada e que todo o metabolismo acelera assim que ela começa a sentir interesse e prazer no trabalho!

É raro nos sentirmos cansados quando estamos fazendo algo interessante e empolgante. Recentemente tirei férias e viajei para as montanhas Rochosas no Canadá, perto do lago Louise. Passei vários dias pescando trutas e abrindo caminho em meio a matagais mais altos do que eu, tropeçando em troncos, me esforçando para pular sobre árvores caídas – e mesmo depois de oito horas disso, eu não estava exausto. Por quê? Porque estava empolgado, radiante. Eu tinha a sensação de haver realizado um grande feito – pesquei seis trutas enormes! Mas suponha que eu tivesse ficado entediado com a pesca. Nesse caso, como você acha que eu teria me sentido? Com certeza, esgotado por atividades tão desgastantes a uma altitude de 3.300 metros.

Mesmo em atividades tão exaustivas quanto o montanhismo, o tédio pode cansar muito mais do que o esforço físico. S. H. Kingman, presidente do Farmers and Mechanics Savings Bank, de Mineápolis, me contou um incidente que ilustra perfeitamente essa afirmação. Em julho de 1953, o governo do Canadá pediu ao Clube Alpino Canadense que oferecesse guias para treinar os membros da guarda em montanhismo. Kingman foi um dos guias escolhidos para dar o treinamento. Ele e outros guias – homens entre 42 e 59 anos – conduziam os jovens em longas caminhadas pelas geleiras e pelos campos nevados, escalando colinas íngremes com cordas, pequenos suportes para os pés e pontos de apoio precários para as mãos. Subiram o pico de Michael, o pico do Vice-Presidente e outras montanhas sem nome no vale Little Yoho, nas Rochosas canadenses. Depois de 15 horas de escalada, aqueles jovens, que estavam no auge do preparo físico (tinham acabado de concluir um curso rigoroso de seis semanas), estavam completamente exaustos.

O cansaço deles foi causado pelo uso de músculos que não tinham sido fortalecidos em treinamentos anteriores? Qualquer homem que tenha passado por um treinamento rígido riria de uma pergunta tão ridícula! Não: eles ficaram assim exaustos porque estavam entediados com a escalada. De tão cansados, muitos caíram no sono sem jantar. Os guias, que tinham o dobro e até o triplo da idade dos jovens guardas, estavam cansados, mas não exaustos. Jantaram e ficaram acordados por horas, conversando sobre as experiências do dia. A diferença foi o fato de estarem interessados no que faziam.

Quando o Dr. Edward Thorndike, da Universidade Columbia, estava conduzindo experimentos sobre cansaço, ele conseguiu que homens jovens se mantivessem acordados por quase uma semana despertando seu interesse. Depois de muita investigação, dizem que o Dr. Thorndike afirmou: "Tédio é a única causa real da diminuição de trabalho."

Se você realiza um trabalho mental, dificilmente a quantidade de trabalho é o que o deixará cansado. É mais provável que você se canse por causa do que não fez. Por exemplo, lembre-se daquele dia na semana passada em que você foi interrompido o tempo inteiro. Não respondeu a nenhuma correspondência. Cancelou compromissos. Houve problemas aqui e ali. Você não fez absolutamente nada, mas ainda assim chegou em casa exausto – e com uma dor de cabeça de rachar.

No dia seguinte, tudo deu certo no escritório. Você produziu 40 vezes mais do que no anterior. Curiosamente, voltou para casa cheio de energia. Você já teve essa experiência. Eu também.

Eis a lição a ser aprendida: muitas vezes, nosso cansaço é causado não pelo trabalho, mas por preocupações, frustração e ressentimentos.

Enquanto escrevia este capítulo, fui assistir a uma reprise da deliciosa comédia musical de Jerome Kern *Show Boat*. No espetáculo, o capitão Andy, do barco *Cotton Blossom*, diz, em um de seus interlúdios filosóficos: "As pessoas de sorte são aquelas que conseguem fazer o que gostam de fazer." Essas pessoas são afortunadas porque têm mais energia, mais felicidade, menos preocupações e menos cansaço. Sua energia estará onde estiverem seus interesses. Caminhar 10 quarteirões com um marido ou uma esposa reclamando pode ser mais cansativo do que caminhar 20 quilômetros com uma namorada ou um namorado agradável.

O que você pode fazer a respeito? Bem, eis o que fez uma estenógrafa que trabalhava em uma companhia de petróleo em Tulsa, Oklahoma. Durante vários dias, todo mês, ela realizava um dos trabalhos mais entediantes que se possa imaginar: preencher formulários de empréstimos para concessões de petróleo, inserindo valores e estatísticas. Era uma tarefa tão entediante que ela resolveu torná-la interessante por uma questão de sobrevivência. Como? Por meio de uma disputa diária consigo mesma. Ela contava o número de formulários que preenchia a cada manhã e tentava bater o recorde à tarde. Somava o total de cada dia e tentava superá-lo no dia seguinte. Em pouco tempo, ela se tornou a estenógrafa mais eficiente em seu departamento. E o que conquistou com tudo isso? Elogios? Não. Agradecimentos? Não. Uma promoção? Não. Um aumento de salário? Também não. Mas ela evitou o cansaço produzido pelo tédio. Trabalhar daquela maneira a estimulava mentalmente. Como tinha feito o melhor que podia para deixar interessante um trabalho tedioso, ela tinha mais energia e disposição. Seu tempo livre ganhou qualidade e alegria.

Sei que essa história é verdadeira porque me casei com essa mulher.

Eis a história de outra estenógrafa que descobriu os benefícios de agir *como se* seu trabalho fosse interessante. Ela costumava brigar com a profissão, mas entendeu que não compensava. Eis o que me contou a Srta. Vallie G. Golden, de Elmhurst, Illinois:

"Há quatro estenógrafas no meu escritório, e cada uma de nós precisa escrever várias cartas. De vez em quando, nos atrapalhamos. Um dia, quando um subchefe de departamento insistiu que eu refizesse uma longa carta, me rebelei. Argumentei que a carta poderia ser corrigida sem ser datilografada novamente e ele retrucou que, se eu não a refizesse, ele encontraria outra pessoa para a tarefa! Fiquei furiosa! Porém, quando comecei a reescrever a carta, me ocorreu de repente que muitas pessoas agarrariam sem hesitar aquela oportunidade. Além disso, eu estava recebendo um salário para realizar apenas aquele trabalho. Comecei a me sentir melhor. De repente, decidi agir como se realmente gostasse do trabalho ainda que o detestasse."

Foi quando a Srta. Golden fez uma descoberta importante:

"Se eu fizer o meu trabalho *como se* gostasse dele, acabo gostando até certo ponto. Também descobri que consigo trabalhar mais rápido se sentir algum prazer com o que faço. Hoje, raramente faço hora extra. Essa nova atitude me rendeu a reputação de ser uma boa funcionária. Quando um dos gerentes do departamento precisou de uma secretária particular, ele me escolheu – porque, segundo ele, eu estava disposta a fazer trabalho adicional sem cara feia! O poder de uma atitude mental modificada foi uma descoberta extremamente importante para mim. Ela tem feito maravilhas!"

A Srta. Golden usou a filosofia do *como se* enunciada pelo professor Hans Vaihinger. Ele nos ensinou a agir *como se* estivéssemos felizes – e isso pode operar maravilhas.

Se você agir *como se* estivesse interessado no seu trabalho, com o tempo seu interesse tende a se tornar real. Você também sentirá menos cansaço e terá menos tensões e preocupações.

Há alguns anos, Harlan A. Howard tomou uma decisão que mudou completamente sua vida. Ele tinha um trabalho tedioso: lavar pratos, limpar balcões e servir sorvetes no refeitório de uma escola do ensino médio, enquanto os outros garotos jogavam bola ou se divertiam com as meninas. Harlan Howard detestava seu trabalho, mas, como tinha que permanecer nele, resolveu torná-lo interessante: decidiu estudar como se faz sorvete, que ingredientes são usados, por que alguns eram melhores do que outros. Ao pesquisar a química do sorvete, tornou-se um craque no curso de Química da escola. Estava tão interessado na química dos alimentos que entrou na Massachusetts State College e formou-se em Tecnologia de Alimentos. Quando a New York Cocoa Exchange ofereceu um prêmio de 100 dólares para o melhor artigo sobre o uso de cacau e de chocolate – um prêmio aberto a todos os alunos da faculdade –, quem você acha que o ganhou? Ele mesmo, Harlan Howard.

Quando ficou difícil encontrar emprego, ele abriu um laboratório particular no porão da sua casa, em Amherst, Massachusetts. Pouco depois disso, uma nova lei entrou em vigor: as companhias leiteiras teriam que contar a quantidade de bactérias no leite. Em pouco tempo, Harlan A. Howard estava realizando o trabalho para as 14 empresas do setor em Amherst – e precisou contratar dois assistentes.

Daqui a 25 anos, os atuais líderes do ramo da química alimentar estarão aposentados ou mortos e no lugar deles estarão jovens profissionais que hoje irradiam iniciativa e entusiasmo. Harlan A. Howard provavelmente será um deles, enquanto alguns dos colegas de turma a quem ele costumava vender sorvete no balcão estarão amargos, desempregados, xingando o governo e reclamando que nunca tiveram uma chance. Harlan A. Howard poderia ter engrossado esse coro. O que fez a diferença foi sua decisão de tornar interessante um trabalho tedioso.

Anos atrás, outro jovem estava cansado de seu trabalho tedioso: fazer ferrolhos em uma fábrica. Seu nome era Sam. Ele queria pedir demissão, mas temia não conseguir outro emprego. Como precisava daquele trabalho tedioso, decidiu torná-lo interessante disputando uma corrida com o mecânico que operava a máquina ao lado da dele. Trabalhando em dois tornos, um dos rapazes precisava alisar a superfície do metal em sua máquina; ao outro cabia afinar os ferrolhos até o diâmetro certo. Eles trocavam de máquinas ocasionalmente para ver quem conseguia produzir mais peças. O supervisor, impressionado com a velocidade e a precisão de Sam, logo lhe deu um trabalho melhor – a primeira de várias promoções. Trinta anos depois, Sam – Samuel Vauclain – era presidente da Baldwin Locomotive Works. Mas poderia ter sido um mecânico a vida toda se não tivesse tornado interessante um trabalho tedioso.

H. V. Kaltenborn, o famoso analista de notícias do rádio, me contou certa vez como fez a virada de chave do tédio para a empolgação. Quando tinha 22 anos, ele atravessou o Atlântico a bordo de um navio que transportava gado. Seu trabalho consistia em alimentar e dar água para os bezerros. Depois de percorrer a Inglaterra de bicicleta, ele chegou a Paris, faminto e sem um tostão. Penhorando sua câmera por 5 dólares, pôs um anúncio na edição parisiense do *The New York Herald* e conseguiu um emprego vendendo máquinas de estereoscopia. Lembro-me daqueles estereoscópios antiquados que segurávamos diante dos olhos para combinar duas fotografias idênticas. Acontecia um milagre: as duas lentes no estereoscópio transformavam as duas fotografias em uma única imagem com efeito tridimensional. Tínhamos uma incrível impressão de perspectiva.

H. V. Kaltenborn começou vendendo essas máquinas de porta em porta em Paris – sem falar francês. Mesmo assim, ganhou 5 mil dólares de comissão no primeiro ano e se tornou um dos vendedores mais bem pagos na França naquele ano. Kaltenborn me contou que, graças a essa experiência, desenvolveu as mesmas qualidades necessárias para o sucesso que teria aprendido em um ano de estudo em Harvard. Excesso de confiança? Ele próprio me contou que, depois daquela temporada, achava-se capaz de vender *qualquer coisa a qualquer pessoa*.

A experiência proporcionou a ele uma compreensão profunda da vida francesa, o que, mais tarde, se mostrou inestimável para interpretar, no rádio, os acontecimentos europeus.

Como ele conseguiu se tornar um especialista em vendas na França sem falar francês? Ele fez seu patrão redigir em francês impecável o que deveria dizer no momento da venda e memorizou o texto. Tocava a campainha, uma dona de casa atendia e Kaltenborn começava a repetir seu texto de vendas decorado com um sotaque tão terrível que chegava a ser engraçado. Ele mostrava as fotos para as clientes em potencial e, quando elas faziam perguntas, ele dava de ombros e dizia: "Americano... Sou americano." Depois, tirava o chapéu e mostrava uma cópia do texto de vendas em francês impecável que tinha colado no topo. A dona de casa ria, ele ria – e mostrava mais fotografias para ela. Quando H. V. Kaltenborn me contou isso, confessou que o trabalho estava longe de ser fácil. Havia uma única qualidade que o fazia progredir: sua determinação em tornar a atividade interessante. Toda manhã, antes de começar, ele fazia um discurso motivacional para si mesmo diante do espelho: *"Kaltenborn, você precisa fazer isso se quiser comer. Já que é necessário, por que não se divertir enquanto trabalha? A cada vez que tocar a campainha, por que não imaginar que você é um ator diante dos refletores, com uma plateia à sua frente? O que você está fazendo é tão engraçado quanto uma comédia no palco. Portanto, por que não colocar alegria nisso?"*

Kaltenborn me disse que aqueles discursos diários o ajudaram a transformar uma tarefa que um dia ele detestara em uma aventura agradável e altamente lucrativa.

Quando perguntei a ele se tinha algum conselho para os jovens dos Estados Unidos que estão em busca do sucesso, ele falou: "Sim: faça exercícios toda manhã. Falamos muito sobre a importância de exercícios para nos despertar do estado de semi-inconsciência em que muitos de nós andamos por aí, mas precisamos ainda mais de exercícios espirituais e mentais todas as manhãs, para nos motivar a agir. Faça um discurso estimulante para si mesmo todo dia."

Fazer um discurso estimulante para si mesmo todo dia é bobo, superficial, infantil? Não. Pelo contrário, é a própria essência da boa psicologia. "Nossa vida é o que nossos pensamentos fazem dela." Essas palavras são tão verdadeiras hoje quanto eram quando o imperador romano Marco Aurélio as escreveu em seu livro *Meditações*.

Ao falar consigo mesmo todas as horas do dia, você pode induzir a si próprio a nutrir pensamentos de coragem e felicidade, de poder e de paz.

Ao falar consigo mesmo sobre as coisas pelas quais deve ser grato, você pode encher sua mente com pensamentos que elevam e celebram.

Os pensamentos certos podem tornar qualquer trabalho menos desagradável. Seu chefe quer que você se interesse pelo que faz porque assim ele ganhará mais dinheiro. Mas esqueçamos o que o chefe quer. Pense somente nos benefícios que se interessar pelo seu trabalho trará *a você*. Isso pode dobrar a quantidade de felicidade que você extrai da vida, pois você passa cerca de metade do tempo acordado no trabalho; se não encontrar felicidade no trabalho, talvez nunca a encontre em lugar algum. Continue lembrando a si mesmo que se manter interessado por seu trabalho afastará sua mente de preocupações e, a longo prazo, talvez traga promoções e um salário mais alto. Mesmo que não faça isso, reduzirá seu cansaço ao mínimo e melhorará a qualidade do seu tempo livre.

5

Você trocaria tudo que tem por 1 milhão?

Conheço Harold Abbot há anos. Ele morava em Webb City, Missouri, e era meu agente de palestras. Certo dia, nos encontramos em Kansas City e ele me levou de carro até minha fazenda em Belton, Missouri. Durante a viagem, perguntei-lhe como ele evitava as preocupações e Harold me contou uma história inspiradora que jamais esquecerei.

"Eu costumava me preocupar muito, mas certo dia, na primavera de 1934, eu estava andando pela rua West Dougherty, em Webb City, quando tive uma visão que eliminou todas as minhas preocupações. Tudo aconteceu em 10 segundos, mas durante esses 10 segundos aprendi mais sobre como viver do que nos 10 anos anteriores. Tive um mercado em Webb City por dois anos. Não apenas perdi todas as minhas economias nesse empreendimento como também contraí dívidas que levei sete anos para pagar. Meu mercado fora fechado no sábado anterior e eu estava indo ao banco pegar dinheiro emprestado. Com o empréstimo, ia procurar emprego em Kansas City. Eu caminhava como um homem derrotado. Tinha perdido toda a minha garra e a minha fé. De repente, vi um homem sem pernas descendo a rua. Ele estava sentado em uma pequena plataforma de madeira equipada com rodinhas de patins e impulsionava o corpo para a frente com um bloco de madeira em cada mão. Ele havia atravessado a rua e começava a se erguer alguns centímetros sobre o meio-fio para a calçada.

Enquanto inclinava sua pequena plataforma de madeira, seus olhos encontraram os meus e ele me saudou com um grande sorriso. 'Bom dia, senhor. É uma bela manhã, não é?', disse, bem-humorado. Ali de pé, olhando para ele, percebi quanto eu era afortunado. Eu tinha duas pernas. Podia andar. Senti vergonha da minha autopiedade. Disse para mim mesmo que, se ele podia ser feliz, alegre e confiante sem pernas, eu certamente posso *com pernas*. Meu peito ficou mais leve. Eu pretendia pedir 100 dólares ao banco, mas decidi que tinha coragem de pedir *200*. Eu tinha dito que iria a Kansas City *tentar* conseguir um emprego. Depois daquela visão, anunciei confiantemente que iria até lá para *encontrar* um emprego. Consegui o empréstimo e consegui o emprego."

Depois disso, Harold Abbot colou as seguintes palavras no espelho do seu banheiro:

Eu estava triste porque não tinha sapatos,
Até que, na rua, encontrei um homem que não tinha pés.

Certa vez, perguntei a Eddie Rickenbacker qual foi a maior lição que ele aprendeu depois de 21 dias à deriva no Pacífico com seus companheiros, em botes salva-vidas, perdidos e desesperançados. "A maior lição daquela experiência", disse ele, "foi esta: se você tiver toda a água potável que quiser beber e toda a comida que quiser comer, nunca deve reclamar de nada".

A revista *Time* publicou uma matéria sobre um sargento ferido em Guadalcanal. Atingido na garganta por um estilhaço de bomba, esse militar recebeu sete transfusões de sangue. Escreveu um bilhete para seu médico perguntando: "Vou sobreviver?" O médico respondeu: "Sim." Ele escreveu novamente, agora perguntando: "Serei capaz de falar?" Outra vez, a resposta foi sim. Por fim, o sargento escreveu outro bilhete dizendo: "*Então, com que diabo estou me preocupando?*"

Por que você não para neste instante e pergunta a si mesmo: "Com que diabo estou me preocupando?" É bem provável que descubra tratar-se de algo comparativamente sem importância.

Cerca de 90% do que acontece na nossa vida estão certos, e cerca de 10%, errados. Se desejamos ser felizes, precisamos nos concentrar nos 90% que estão certos e ignorar os 10% que estão errados. Se queremos ser pessoas preocupadas e amargas, com úlcera gástrica, basta nos concentrarmos nos 10% que estão errados e ignorar os 90% gloriosos.

As palavras "Pense e agradeça" estão inscritas em muitas das igrejas cromwellianas da Inglaterra. Também deveriam ser inscritas no nosso coração: "Pense e agradeça." Pensemos em tudo que deveria despertar a nossa gratidão e agradeçamos por todas as nossas bênçãos.

Jonathan Swift, de *As viagens de Gulliver*, foi o autor mais pessimista da literatura inglesa. Ele lamentava tanto ter nascido que se vestia de preto e jejuava nos seus aniversários. Contudo, em seu desespero, esse pessimista supremo louvou os grandes poderes salutares da alegria e da felicidade. "Os melhores médicos do mundo", declarou ele, "são o Dr. Dieta, o Dr. Silêncio e o Dr. Alegria".

Podemos obter de graça os serviços do "Dr. Alegria" todas as horas do dia mantendo nossa atenção fixa nas maravilhosas riquezas que possuímos – riquezas que excedem em muito os tesouros fabulosos de Ali Babá. Você venderia seus dois olhos por 1 bilhão de dólares? Quanto aceitaria por suas duas pernas? Por suas mãos? Por sua audição? Por seus filhos? Por sua família? Some seus bens e você descobrirá que não venderia o que possui nem por todo o ouro acumulado pelos Rockefellers, os Fords e os Morgans somados.

Mas nós valorizamos tudo isso? Ah, não. Como disse Schopenhauer: "Raramente pensamos no que temos, mas sempre no que nos falta." Sim, a tendência a "pensar raramente no que temos, mas sempre no que nos falta" é a maior tragédia da Terra. Provavelmente causou mais sofrimento do que todas as guerras e doenças da história.

Essa tendência fez com que John Palmer se transformasse "de um sujeito comum em um velho rabugento" e quase destruísse seu lar. Sei disso porque ele me contou.

Palmer morava em Paterson, Nova Jersey. "Pouco depois de sair do Exército", disse ele, "abri um negócio. Eu trabalhava dia e noite. As coisas estavam indo bem. Então começaram os problemas. Eu não conseguia obter peças e materiais e temia que fosse preciso fechar as portas. Era um sujeito comum, mas me preocupava tanto que me tornei um velho rabugento. Fiquei tão azedo e irritado que... Bem, eu não sabia na época, mas agora sei que cheguei muito perto de perder meu lar feliz. Então, certo dia, um jovem veterano aleijado que trabalhava para mim disse: 'Johnny, você deveria ter vergonha de si mesmo. Você age como se fosse a única pessoa com problemas no mundo. Suponha que precise fechar o negócio por algum tempo... E daí? Você pode recomeçar quando as coisas voltarem ao normal. Você tem muito a agradecer, mas vive resmungando. Rapaz, como eu gostaria de estar no seu lugar! Olhe para mim. Tenho apenas um braço e metade do meu rosto foi destruída por um tiro, mas não reclamo. Se você não parar de rosnar e de resmungar, perderá não apenas seu negócio, mas também sua saúde, sua família e seus amigos!'"

Esses comentários o fizeram parar e pensar. "Percebi como estava bem na vida. Resolvi naquele mesmo instante que mudaria e voltaria a ser como antes... e foi o que fiz."

Uma amiga minha, Lucile Blake, oscilou à beira da tragédia antes de aprender a ser feliz com o que tinha em vez de se preocupar com o que lhe faltava.

Conheci Lucile há muitos anos, quando estudávamos redação de contos na Faculdade de Jornalismo da Universidade Columbia. Faz algum tempo, ela levou o maior choque da sua vida. Aqui está a história como ela a contou para mim:

"Eu vivia no olho do furacão: estudava órgão na Universidade do Arizona, dirigia uma clínica de fonoaudiologia na cidade e dava aulas de apreciação musical no Desert Willow Ranch, onde eu morava. Ia a festas, bailes, passeios a cavalo sob as estrelas. Certa manhã, meu coração não aguentou e desmaiei. O médico me disse que eu precisaria ficar de cama durante um ano, em repouso absoluto. Ele não me estimulou a acreditar que um dia eu voltaria a ser forte."

Ela ficou apavorada com a perspectiva. "Um ano de cama? Por que aquilo tinha que acontecer comigo? O que eu tinha feito para merecer uma coisa dessas? Eu chorava sem parar. Estava amargurada e rebelde. Mas comecei o repouso, como aconselhou o médico. Um vizinho meu me disse: 'Hoje você imagina que passar um ano de cama será uma tragédia. Mas não será. Você terá tempo para pensar e para conhecer a si própria. Evoluirá mais espiritualmente nos próximos meses do que em toda a sua vida até agora.' Fiquei mais calma e tentei desenvolver novos valores. Li livros inspiradores. Um dia, ouvi um comentarista dizer no rádio: 'Você só pode expressar o que está na sua consciência.' Eu tinha ouvido palavras como aquelas muitas vezes, mas naquele momento elas atingiram um lugar profundo dentro de mim e criaram raízes. Resolvi alimentar somente os pensamentos segundo os quais eu queria viver: pensamentos de alegria, felicidade, saúde. Todas as manhãs, assim que despertava, obrigava-me a repassar todas as razões que eu tinha para ser grata. Nenhuma dor. Uma filha pequena adorável. Minha visão. Minha audição. Música ótima no rádio. Tempo para ler. Boa comida. Bons amigos. Eu estava tão feliz e recebia tantas visitas que o médico me orientou a reduzir as visitas a apenas uma por vez... e em horários específicos."

Muitos anos se passaram desde então, e ela afirma que agora leva uma vida plena e ativa. "Sou profundamente grata por aquele tempo em que estive acamada. Foi o ano mais valioso e mais feliz que passei no Arizona. O hábito que adquiri de enumerar minhas bênçãos todas as manhãs ainda faz parte da minha rotina. É um dos meus bens mais preciosos. Só aprendi a viver quando achei que fosse morrer... e me envergonho de ter demorado tanto."

Minha querida Lucile Blake, você pode não se dar conta disso, mas aprendeu a mesma lição que o Dr. Samuel Johnson há 200 anos. "O hábito de olhar o melhor lado de cada acontecimento", disse o Dr. Johnson, "vale mais do que mil libras por ano".

Essas palavras foram ditas, veja bem, não por um otimista profissional, mas por um homem que havia conhecido ansiedade, pobreza e fome por 20 anos – até finalmente se tornar um dos mais eminentes escritores da sua geração e um dos pensadores mais celebrados de todos os tempos.

Logan Pearsall Smith somou muita sabedoria em poucas palavras quando disse: "Há duas coisas a se almejar na vida: primeiro, conseguir o que se quer; depois, desfrutar disso. Somente os homens mais sábios conquistam a segunda."

Você gostaria de saber como transformar até mesmo tarefas como lavar a louça em experiências empolgantes? Se a resposta for sim, leia um livro inspirador e corajoso escrito por Borghild Dahl. Chama-se *I Wanted to See* (Eu queria ver).

Esse livro foi escrito por uma mulher que passou meio século praticamente cega. "Eu tinha apenas um olho", escreve ela, "que era coberto por tantas cicatrizes que eu só conseguia enxergar por uma pequena abertura no lado esquerdo. Para ler um livro, eu tinha que segurá-lo perto do rosto e forçar meu olho bom ao máximo para a esquerda".

Mas Borghild Dahl se recusava a permitir que sentissem pena dela; recusava-se a ser considerada "diferente". Quando menina, ela queria brincar de amarelinha com outras crianças, mas não conseguia ver as marcas no chão. Depois que as outras iam para casa, ela se agachava e se arrastava no chão com os olhos bem próximos das marcas. Memorizou cada porção do terreno onde ela e os amigos brincavam e em pouco tempo tornou-se especialista em jogos de corrida. Lia em casa, segurando um livro com letras grandes tão perto dos olhos que seus cílios tocavam as páginas. Ela obteve um bacharelado em Artes pela Universidade de Minnesota e um mestrado em Artes pela Universidade Columbia.

A autora começou a lecionar na minúscula aldeia de Twin Valley, Minnesota, e fez carreira até se tornar professora de Jornalismo e de Literatura na Augustana College, em Sioux Falls, Dakota do Sul. Deu aulas ali por 13 anos, fazendo palestras em clubes femininos e falando no rádio sobre livros e escritores. "No fundo da minha mente", escreve ela, "sempre houve o medo da cegueira total. Para superar isso, adotei uma atitude alegre, quase hilariante, em relação à vida".

Então, em 1943, quando Borghild Dahl tinha 52 anos, aconteceu um milagre: uma operação na famosa Clínica Mayo. Ela enfim conseguiu enxergar 40 vezes melhor do que antes.

Um mundo novo e excitante de beleza abriu-se diante dela. Agora Borghild achava empolgante até lavar louça. "Começo a brincar com as bolhas brancas e macias na panela", escreve. "Mergulho as mãos e pego uma porção de minúsculas bolhas de sabão. Seguro-as contra a luz e em cada uma delas vejo as cores brilhantes de um arco-íris em miniatura."

Enquanto olhava pela janela da cozinha, ela viu "as asas preto-acinzentadas dos pardais batendo enquanto eles voavam em meio à neve espessa que cai".

Sentiu tamanho êxtase olhando para as bolhas de sabão e para os pardais que encerrou seu livro assim: "'Querido Senhor', eu sussurro, 'Pai nosso que estais nos céus, agradeço a Você. Agradeço a Você.'"

Imagine agradecer a Deus porque você pode lavar a louça e ver arco-íris em bolhas e pardais voando em meio à neve!

Deveríamos sentir vergonha de nós mesmos. Todos os dias da nossa vida temos diante de nós um mundo mágico repleto de beleza, mas estamos cegos demais para ver, saciados demais para desfrutar.

Se quiser parar de se preocupar e começar a viver, lembre-se:

Enumere suas bênçãos,
não seus problemas!

6

Ninguém chuta cachorro morto

EM 1929, UM EPISÓDIO PROVOCOU COMOÇÃO nacional nos círculos educacionais. Homens cultos de todos os Estados Unidos foram às pressas a Chicago para testemunhar o caso. Alguns anos antes, um jovem chamado Robert Maynard Hutchins conseguira se formar com esforço em Yale, trabalhando como garçom, lenhador, tutor e vendedor de roupas. Passados apenas oito anos, Hutchins tornou-se reitor da quarta universidade mais rica dos Estados Unidos, a Universidade de Chicago. Sua idade? Trinta anos. Incrível! Os educadores mais velhos abanavam a cabeça. Críticas despencaram sobre aquele "menino prodígio" como um deslizamento de pedras. Ele era isso e aquilo – jovem demais, inexperiente demais; suas ideias sobre educação eram absurdas. Até os jornais se juntaram ao ataque.

No dia da sua posse, um amigo disse ao pai de Robert Hutchins: "Fiquei chocado hoje de manhã ao ler aquele editorial do jornal contra o seu filho."

"Sim", respondeu o Hutchins mais velho, "foi grave, mas lembre-se de que ninguém chuta cachorro morto."

Verdade, e quanto mais importante for o cachorro, mais satisfação as pessoas sentirão ao chutá-lo. O príncipe de Gales, que mais tarde se tornaria Eduardo VIII, passou por isso. Na época, ele estudava em Darthmouth,

Devonshire. O príncipe tinha cerca de 14 anos. Certo dia, um oficial encontrou-o chorando e perguntou o que havia acontecido. A princípio, ele se recusou a falar, mas por fim admitiu a verdade: estava levando pontapés dos cadetes. O diretor do colégio chamou os agressores e explicou a eles que o príncipe não se queixara, mas ele próprio queria saber qual a razão para um tratamento tão rude.

Depois de muita relutância, os cadetes confessaram que, quando se tornassem comandantes e capitães na Marinha Real, queriam poder dizer que tinham dado um pontapé no rei!

Portanto, quando alguém chuta ou critica você, muitas vezes age assim para se sentir importante. Em geral, isso significa que você está se destacando em algo e merece atenção. Muitas pessoas sentem uma enorme satisfação acusando aqueles que são mais cultos ou mais bem-sucedidos do que elas. Por exemplo, enquanto escrevia este capítulo, recebi a carta de uma mulher denunciando o general William Booth, fundador do Exército da Salvação. Eu havia elogiado o general Booth no rádio; na sequência, aquela mulher me escreveu dizendo que o general roubara 8 milhões de dólares do dinheiro arrecadado para ajudar os pobres. A acusação, obviamente, era absurda, mas ela não estava em busca da verdade, e sim da satisfação perversa que obtinha ao denegrir alguém superior. Joguei a carta amarga no lixo e agradeci a Deus Todo-Poderoso por não ser casado com aquela mulher. A carta dela não me disse absolutamente nada sobre o general Booth, mas me disse muita coisa sobre sua autora. Schopenhauer expressou assim esse sentimento: "Pessoas vulgares sentem um enorme prazer com as faltas e as loucuras dos grandes homens."

É difícil imaginar que o reitor da Universidade Yale possa ser um homem vulgar; contudo, um ex-reitor de Yale, Timothy Dwight, aparentemente se deleitou acusando um candidato à presidência dos Estados Unidos. O reitor de Yale advertiu que, se aquele homem fosse eleito presidente, "talvez nossas esposas e filhas caiam vítimas da prostituição legal, totalmente desonradas, maculadas de maneira ostensiva, párias da delicadeza e da virtude, desprezadas por Deus e pelo homem".

Parece até que estava falando de Hitler, não parece? Mas não estava. Era uma acusação contra Thomas Jefferson. *Qual* Thomas Jefferson? Certamente não o *imortal* Thomas Jefferson, autor da Declaração da Independência, patrono da democracia, certo? Sim, era precisamente dele que se falava.

Tente pensar em um americano que foi chamado de "hipócrita", "um impostor" e "pouco melhor do que um assassino". Uma charge de jornal representou-o em uma guilhotina, com a grande lâmina pronta a decepar sua cabeça. Multidões zombavam dele e o vaiavam quando ele passava pela rua. Quem era? George Washington.

Mas isso aconteceu há muito tempo. Talvez a natureza humana tenha melhorado desde então. Consideremos o caso do almirante Peary – o explorador que surpreendeu e empolgou o mundo ao alcançar o polo norte em trenós puxados por cães, em 6 de abril de 1909, façanha que, durante séculos, homens corajosos tentaram realizar arriscando a própria vida e até morrendo. O próprio Peary quase morreu de frio e de fome; precisou amputar oito dedos dos pés que congelaram. Foram tantos desastres que achou que enlouqueceria. Seus superiores em Washington ficaram furiosos, pois Peary estava atraindo enorme publicidade e admiração. Portanto, acusaram-no de angariar dinheiro para expedições científicas e depois "mentir e ficar vadiando no Ártico". Provavelmente acreditavam nisso, pois é quase impossível não acreditar no que se quer acreditar. A determinação deles em humilhar e deter Peary era tão violenta que somente uma ordem direta do presidente McKinley possibilitou que o almirante continuasse suas expedições ao Ártico.

Peary sofreria tantos ataques se ocupasse um cargo burocrático no Departamento da Marinha, em Washington? Não. Nesse caso, ele não se destacaria o suficiente para despertar inveja.

O general Grant teve uma experiência ainda pior. Em 1862, ele comemorou a primeira grande vitória decisiva do Norte – uma vitória conquistada em uma tarde; uma vitória que transformou Grant em um ídolo nacional da noite para o dia; uma vitória que teve repercussões tremendas até mesmo na distante Europa; uma vitória que fez os sinos das igrejas tocarem e fogueiras arderem do Maine até as margens do rio Mississippi. Contudo, seis semanas depois de conquistar sua grande vitória, Grant – o herói do Norte – foi *preso e privado de seu exército. Ele chorou de humilhação e desespero.*

Por que o general Grant foi preso no ápice de sua glória? Principalmente por ter despertado os ciúmes e a inveja de seus superiores arrogantes.

Se nos sentirmos tentados a mergulhar em preocupações por causa de críticas injustas...

> Lembre-se de que críticas injustas muitas vezes são elogios disfarçados.
>
> Ninguém chuta cachorro morto.

7

Faça isto e as críticas não terão o poder de ferir você

Certa vez, entrevistei o major-general Smedley Butler, o "Demônio dos Infernos". Butler foi um dos generais mais exuberantes e arrogantes a comandar os fuzileiros navais dos Estados Unidos.

Ele me disse que, quando jovem, tinha uma necessidade desesperadora de ser popular; queria causar boa impressão em todos. Naquela época, a menor crítica o feria intensamente. Mas ele relatou que seus 30 anos entre os fuzileiros navais o fizeram criar uma couraça. "Fui repreendido e insultado, acusado de medroso, trapaceiro e mau-caráter. Ouvi todo tipo de xingamento impublicável. Se isso me incomodou? Rá! Hoje, quando ouço alguém me xingando, nem viro a cabeça para ver quem está falando."

Talvez o velho Butler tenha se tornado indiferente a críticas, mas uma coisa é certa: a maioria de nós leva a sério demais as pequenas farpas e flechas atiradas contra nós. Anos atrás, um repórter do jornal *The Sun*, de Nova York, compareceu a uma das minhas aulas demonstrativas de educação para adultos e ridicularizou a mim e meu trabalho. Acha que fiquei furioso? Pois considerei um insulto pessoal. Telefonei para Gil Hodges, presidente do comitê executivo do jornal, e praticamente exigi que ele publicasse um artigo com os fatos – sem a parte da ridicularização. Eu estava determinado a obter uma punição à altura do crime.

Hoje, sinto vergonha de como agi. Metade das pessoas que compraram o jornal jamais viu aquele artigo. Metade daqueles que o leram considerou-o uma fonte de entretenimento inocente. Metade daqueles que se divertiram com a leitura esqueceu-se totalmente dele em poucas semanas.

Agora sei que as pessoas não ficam pensando em você ou em mim. Pouco se importam com o que é dito sobre nós. Elas estão pensando em si mesmas – antes do café da manhã, durante o café da manhã e sem parar até depois da meia-noite. Elas ficariam mil vezes mais preocupadas com uma leve dor de cabeça delas do que com a notícia da sua ou da minha morte.

Mesmo que um em cada seis dos nossos amigos mais íntimos minta sobre nós, nos ridicularize, trapaceie, nos apunhale pelas costas e nos traia, não nos entreguemos a uma orgia de autocomiseração. Em vez disso, lembremos a nós mesmos que foi exatamente isso que aconteceu com Jesus. Um de Seus 12 amigos mais próximos traiu-o por um suborno que equivaleria a poucos dólares. Outro desses 12 amigos mais íntimos abandonou Jesus abertamente no instante em que Ele teve problemas e negou por três vezes que o conhecia – jurando. Um em cada seis! Isso foi o que aconteceu com Jesus. Por que você e eu deveríamos esperar uma pontuação melhor?

Descobri anos atrás que, embora eu não possa impedir as pessoas de me criticarem injustamente, posso fazer algo muito mais importante: decidir se essa condenação injusta me perturbará ou não.

Sejamos claros sobre isso: não defendo que todas as críticas sejam ignoradas. Longe disso. Estou falando de *ignorar críticas injustas*. Certa vez, perguntei a Eleanor Roosevelt como ela lidava com tais críticas – e Deus sabe que ela recebia muitas. Eleanor provavelmente tinha mais amigos fervorosos e mais inimigos violentos do que qualquer outra mulher que viveu na Casa Branca.

Ela me contou que, quando garota, era quase morbidamente tímida, com medo do que as pessoas poderiam dizer. Temia tanto as críticas que um dia pediu conselhos à sua tia, irmã de Theodore Roosevelt: "Tia Bye, quero fazer tal coisa, mas tenho medo de ser criticada."

A irmã de Teddy Roosevelt olhou-a nos olhos e disse: "Nunca se incomode com o que as pessoas dizem, desde que saiba no seu coração que você está certa." Eleanor Roosevelt me contou que aquele conselho foi importante para ela anos depois, quando estava na Casa Branca. Para ela, só uma porcelana de Dresden em uma prateleira conseguiria evitar críticas. "Faça o que seu coração disser que é o certo, pois você será criticado de qualquer jeito. Será 'amaldiçoado se fizer e amaldiçoado se não fizer'." Esse é o conselho dela.

Quando o falecido Mathew C. Brush era presidente da American International Corporation, perguntei-lhe se era sensível a críticas e ele respondeu: "Sim, eu era muito sensível a críticas no começo. Na época, estava ansioso para que todos os funcionários da organização pensassem que eu era perfeito. Se não pensassem, eu me preocupava. Tentava agradar primeiro quem falava mal de mim, mas meus esforços para remendar as coisas com essas pessoas enfureciam outras. Então, quando eu tentava consertar a situação com as outras, acabava atiçando outros marimbondos. Depois de um tempo, descobri que quanto mais eu tentasse pacificar e aplacar sentimentos feridos para escapar de críticas pessoais, mais inimigos teria. Portanto, finalmente falei para mim mesmo: 'Se você se destacar em meio à multidão, será criticado. Portanto, acostume-se com a ideia.' Aquilo me ajudou imensamente. A partir daquele momento, adotei a regra de fazer o melhor que pudesse e depois abrir meu guarda-chuva para impedir que a saraivada de críticas me atingisse diretamente."

O compositor e comentarista musical Deems Taylor foi um pouco mais longe: deixou que a chuva de críticas o atingisse e divertiu-se com isso – em público. Quando fazia seus comentários durante o intervalo dos concertos radiofônicos da Orquestra Filarmônica de Nova York, em uma tarde de domingo, uma mulher escreveu-lhe uma carta chamando-o de "mentiroso, traidor, pérfido e idiota". Em seu livro, *Of Men and Music* (Sobre homens e música), Taylor escreve: "Suspeito que ela não tenha gostado do que eu disse." Na transmissão da semana seguinte, Taylor leu a carta no rádio para milhões de ouvintes. Alguns dias depois, recebeu outra carta da mesma senhora "manifestando sua opinião inalterada", diz Taylor, "segundo a qual eu *ainda* era um mentiroso, traidor, pérfido e idiota". Não podemos deixar de admirar um homem que recebe as críticas dessa maneira. Admiremos sua serenidade, sua postura inabalável e seu senso de humor.

Em um discurso para os alunos da Universidade de Princeton, Charles Schwab afirmou que uma das lições mais importantes que aprendera lhe fora ensinada por um senhor alemão que trabalhava na sua siderúrgica. Esse senhor envolveu-se em uma discussão acalorada sobre a época da guerra com outros trabalhadores, que o jogaram no rio. "Quando ele entrou no meu escritório", disse Schwab, "ensopado e coberto de lama, perguntei-lhe o que ele tinha dito aos homens que o haviam jogado no rio e ele respondeu: 'Eu apenas ri.'"

Schwab declarou ter adotado as palavras daquele velho alemão como seu lema: "Apenas ria."

Esse lema é especialmente útil quando se é vítima de críticas injustas. Você pode replicar ao homem que lhe responde, mas o que dizer àquele que "apenas ri"?

Abraham Lincoln poderia ter sucumbido sob o desgaste da Guerra Civil americana se não tivesse aprendido que tentar responder a todas as acusações virulentas dirigidas a ele seria loucura. Sua descrição de como lidou com seus críticos tornou-se uma joia literária – um clássico. O general MacArthur tinha uma cópia desses dizeres sobre sua mesa no quartel-general durante a Segunda Guerra Mundial; e Winston Churchill tinha um quadro pendurado na parede de seu estúdio em Chartwell. Eis o que disse Lincoln: "Se eu tentasse ler, e quiçá responder a todos os ataques contra mim, este estabelecimento provavelmente estaria fechado para qualquer outro negócio. Ajo da melhor maneira que sei – dou o melhor de mim e pretendo continuar a fazê-lo até o final. Se, ao final, eu me sair bem, então o que foi dito sobre mim não importará. Se, ao final, me sair mal, então 10 anjos jurando que eu estava certo não farão a menor diferença."

Quando você e eu formos criticados injustamente:

> Aja da melhor maneira que puder. Depois, abra seu velho guarda-chuva e evite que a saraivada de críticas o atinja.

PARTE DOIS

Técnicas fundamentais para lidar com pessoas

*C*OMO FAZER AMIGOS E INFLUENCIAR PESSOAS é um livro sobre relacionamentos humanos – sobre como se dar bem com as pessoas, sobre a necessidade de ter amigos para levar uma vida plena. Resistir à tentação de criticar e adquirir o hábito de fazer elogios sinceros são, acima de tudo, as atitudes mais importantes para fazer as pessoas gostarem de nós. E as coisas que nos deixam felizes fora de casa são as mesmas que nos proporcionam uma vida feliz dentro de casa – a necessidade número um de qualquer homem ou mulher.

8

"Se você quer colher o mel, não chute a colmeia"

EM 7 DE MAIO DE 1931, a mais sensacional caçada humana até então testemunhada em Nova York chegava a seu clímax. Após semanas de busca, "Two Gun" Crowley – um assassino e pistoleiro que não fumava nem bebia – tinha sido localizado e estava encurralado no apartamento da namorada na West End Avenue.

O cerco a seu esconderijo no último andar do prédio teve a participação de 150 policiais e detetives. Eles abriram buracos no telhado. Tentaram expulsar Crowley, conhecido como o "Matador de Policiais", jogando gás lacrimogêneo no apartamento. Em seguida, montaram metralhadoras nos edifícios vizinhos e, durante mais de uma hora, uma das melhores áreas residenciais de Nova York foi tomada pelos estampidos das pistolas e o rá-tá-tá-tá das armas automáticas. Agachado atrás de uma poltrona estofada, Crowley atirava contra a polícia sem parar. A batalha foi assistida por 10 mil espectadores empolgados. A cidade de Nova York nunca tinha visto nada parecido.

Quando Crowley foi capturado, o comissário de polícia E. P. Mulrooney declarou que "Two Gun" era um dos criminosos mais perigosos da história de Nova York. "Ele mata sem hesitar", declarou o homem da lei.

Mas como "Two Gun" se enxergava? Nós temos a resposta para essa pergunta porque, enquanto a polícia atirava na direção do apartamento, ele escreveu uma carta "A quem possa interessar". E, enquanto escrevia, o sangue de suas feridas deixou uma mancha vermelha no papel. Na carta, Crowley dizia: "Sob o meu casaco bate um coração cansado, mas bondoso, um coração que nunca faria mal a ninguém."

Pouco tempo antes, Crowley estava aos beijos com a namorada numa estrada próxima de Long Island, quando, de repente, um policial se aproximou do carro e ordenou:

– Mostre sua carteira de motorista!

Sem dizer uma palavra, Crowley sacou sua arma e derrubou o policial com uma saraivada de tiros. Com o homem já caído e em seus últimos suspiros, Crowley saltou do carro, pegou o revólver do policial e deu mais um tiro no corpo abatido. E foi esse o assassino que pouco tempo depois, ao se ver cercado, escreveu aquela carta.

Crowley foi condenado à cadeira elétrica. Quando chegou ao corredor da morte no presídio de Sing Sing, ele não disse "Isso é o que eu ganho por matar pessoas". O que ele disse foi:

"Isso é o que eu ganho por me defender."

Moral da história: "Two Gun" Crowley não assumia nenhuma responsabilidade pelo que fazia. Você acha que essa é uma postura incomum entre os criminosos? Então leia esta frase: "Passei os melhores anos da minha vida proporcionando os maiores prazeres às pessoas, ajudando-as a se divertir, e tudo o que consegui foi ser insultado e perseguido."

Essa fala é de Al Capone. Sim, o mais famoso inimigo público dos Estados Unidos, o mais sinistro gângster da história de Chicago. Capone não se sentia culpado. Na verdade, se via como um benfeitor público incompreendido que não recebia o reconhecimento merecido.

O mesmo aconteceu com Dutch Schultz antes de ser morto a tiros por gângsteres em Newark. Dutch Schultz, um dos mais famosos bandidos de Nova York, afirmou em entrevista a um jornal que era um benfeitor público. E ele acreditava nisso.

Durante muitos anos, mantive interessante troca de correspondências sobre esse assunto com Lewis Lawes, diretor do presídio de Sing Sing, que me escreveu o seguinte: "Poucos criminosos que estão presos aqui se consideram homens maus. São tão humanos quanto eu e você. Eles racionalizam, explicam, contam por que tiveram que arrombar um cofre ou apertar o gatilho. A maioria usa um raciocínio falacioso ou lógico para justificar seus atos antissociais até para si mesmos, e, por isso, afirmam categoricamente que nunca deveriam ter sido presos."

Se Al Capone, "Two Gun" Crowley, Dutch Schultz e os presos desesperados que estão atrás das grades não se sentem culpados por nada, o que acontece com as pessoas com quem lidamos no dia a dia?

John Wanamaker, fundador de uma rede de lojas, confessou certa vez: "Trinta anos atrás, aprendi que dar bronca é bobagem. Já tenho muitos problemas para superar minhas próprias limitações sem me irritar com o fato de que Deus parece ter escolhido não distribuir igualmente o dom da inteligência."

Wanamaker aprendeu essa lição cedo. Quanto a mim, tive que passar um terço de século por este mundo cometendo erros até começar a compreender que em 99% das vezes as pessoas não assumem a responsabilidade por seus atos e não fazem autocríticas por motivo algum, mesmo que estejam completamente erradas.

E não adianta criticar, porque isso coloca a pessoa na defensiva e em geral faz com que ela tente se justificar. A crítica é perigosa porque fere o precioso orgulho do indivíduo, atinge seu senso de importância e desperta ressentimento.

B. F. Skinner, psicólogo mundialmente famoso, demonstrou por meio de experimentos que um animal recompensado pelo bom comportamento aprende bem mais rápido que um animal punido por mau comportamento. Estudos posteriores mostraram que o mesmo vale para seres humanos. Ao fazer críticas, não produzimos mudanças duradouras e, com frequência, provocamos ressentimento.

Hans Selye, outro grande psicólogo, disse que o "nosso desejo de aprovação é tão intenso quanto o medo da condenação". O ressentimento provocado pela crítica pode desmoralizar funcionários, familiares e amigos e, ainda assim, não corrigir a situação criticada.

George B. Johnson, de Enid, Oklahoma, é coordenador de segurança de uma empresa de engenharia. Uma de suas responsabilidades é garantir que os empregados usem capacete quando fizerem trabalho de campo. Ele relatou que, sempre que encontrava trabalhadores sem o capacete, mencionava a norma em tom autoritário e exigia que a cumprissem à risca. Os empregados obedeciam de má vontade e muitas vezes, assim que ele partia, tiravam o capacete.

Por isso, ele decidiu tentar uma abordagem diferente. Ao encontrar trabalhadores sem a proteção, passou a perguntar se os capacetes eram desconfortáveis ou se não tinham o tamanho adequado. Em seguida, num tom de voz gentil, lembrava aos funcionários que o capacete era projetado para prevenir acidentes e sugeria que o equipamento deveria ser sempre usado durante o trabalho. Como resultado, os funcionários passaram a cumprir a regra com mais frequência, sem ressentimentos.

Milhares de páginas da história mostram como fazer críticas é inútil. Veja, por exemplo, a famosa briga entre Theodore Roosevelt e o presidente William Howard Taft – um conflito que dividiu o Partido Republicano, pôs Woodrow Wilson na Casa Branca e deixou marcas antes e depois da Primeira Guerra Mundial, alterando o curso da história.

Examinemos os fatos rapidamente: quando deixou a presidência dos Estados Unidos em 1909, Theodore Roosevelt apoiou a candidatura de Taft, que se elegeu para a Casa Branca. Em seguida, Roosevelt fez uma viagem para a África. Ao voltar, perdeu as estribeiras. Criticou o conservadorismo extremo de Taft e tentou garantir para si a candidatura para um terceiro mandato como presidente, criando uma cisão no Partido Republicano. Depois da confusão, ambos foram derrotados nas eleições. Foi a derrota mais desastrosa que os republicanos haviam sofrido até então.

Theodore Roosevelt culpou Taft. Mas Taft assumiu a culpa? Claro que não. Com lágrimas nos olhos, disse: "Não vejo o que poderia ter feito de diferente."

Quem era o culpado? Roosevelt ou Taft? Sinceramente, não sei, mas a questão é que todas as críticas de Roosevelt não convenceram Taft de que estava errado. Serviram apenas para que Taft tentasse se justificar.

Vejamos o escândalo de Teapot Dome, envolvendo petrolíferas, que gerou manchetes indignadas nos jornais do início dos anos 1920 e sacudiu a nação inteira. Até então, não tinha havido nada parecido na vida pública dos Estados Unidos. Eis a essência dos fatos: Albert B. Fall, secretário do Interior do governo de Warren G. Harding, foi encarregado de cuidar do arrendamento das reservas de petróleo do governo em Elk Hill e Teapot Dome. Ambos os campos já haviam sido reservados para serem usados pela Marinha. Será que o secretário Fall autorizou a organização de uma licitação competitiva? Não, senhor. Ele entregou o vultoso contrato a seu amigo Edward L. Doheny. E o que fez Doheny? Ofereceu ao secretário Fall aquilo que descreveu como um "empréstimo" de 100 mil dólares. Como se fosse um déspota, Fall ordenou aos fuzileiros navais que fossem ao local para retirar os concorrentes com postos de extração adjacentes, que estariam explorando petróleo das reservas de Elk Hill. Retirados das terras sob a mira de fuzis e baionetas, os concorrentes procuraram a justiça imediatamente – e deflagraram o escândalo de Teapot Dome. A podridão foi tão grande que arruinou o governo Harding, enojou uma nação inteira, quase destruiu o Partido Republicano e pôs Albert B. Fall atrás das grades.

Fall recebeu uma condenação pesada – punição que poucos homens da vida pública já haviam sofrido. Teria se arrependido? Nunca! Anos depois do ocorrido, Herbert Hoover, presidente americano entre 1929 e 1933, declarou num discurso que a morte do presidente Harding fora provocada pela ansiedade e as preocupações geradas pela traição de um amigo. Quando a esposa de Fall ouviu aquilo, saltou da cadeira, caiu no choro, sacudiu os punhos e berrou:

– O quê? Harding traído por Fall? De jeito nenhum! Meu marido nunca traiu ninguém. Nem todo o ouro do mundo levaria meu marido a fazer algo de errado. Ele é quem foi traído, aniquilado e crucificado.

Eis a natureza humana em ação: malfeitores culpando todos, menos a si mesmos. Todos nós somos assim. Portanto, quando nos sentirmos tentados a criticar alguém, vamos nos lembrar de Al Capone, de "Two Gun" Crowley e de Albert Fall. Precisamos entender que as críticas são como um pombo-correio: sempre voltam para casa. Ou seja, aquela pessoa que corrigirmos e recriminarmos provavelmente se justificará e nos condenará também. Ou, como Taft, dirá: "Não vejo o que poderia ter feito de diferente."

Na manhã de 15 de abril de 1865, o então presidente dos Estados Unidos Abraham Lincoln agonizava num quarto do térreo de uma modesta hospedaria em frente do Teatro Ford, onde John Wilkes Booth o alvejara. O corpo longilíneo de Lincoln estava deitado em diagonal numa cama desconfortável, pequena demais para ele. Havia uma reprodução barata da famosa pintura de Rosa Bonheur, *A feira de cavalos*, pendurada na parede sobre a cama, e um bico de gás produzia uma vacilante luz amarelada.

Enquanto Lincoln agonizava, o secretário de Guerra Edwin Stanton declarou: "Aqui jaz o mais perfeito governante que o mundo já viu."

Qual era o segredo do sucesso de Lincoln em lidar com as pessoas? Estudei a vida de Abraham Lincoln durante 10 anos e devotei três anos a escrever e reescrever um livro intitulado *Lincoln, esse desconhecido*. Acredito que produzi um estudo tão detalhado e minucioso da personalidade de Lincoln e de sua vida doméstica quanto seria possível. Estudei, em especial, o método que usava para lidar com as pessoas. Ele fazia críticas? Ah, sim. Quando jovem, em Pigeon Creek Valley, Indiana, ele não apenas criticava como também escrevia cartas e poemas ridicularizando pessoas e jogava as páginas nas estradas rurais, onde certamente seriam encontradas. Uma delas despertou ressentimentos que duraram toda uma vida.

Mesmo depois que se tornou advogado em Springfield, Illinois, Lincoln continuou atacando opositores abertamente por meio de cartas publicadas nos jornais. Mas certa vez acabou exagerando.

No outono de 1842, ele ridicularizou um político vaidoso e belicoso chamado James Shields. Lincoln debochou dele por meio de uma carta anônima publicada pelo *Journal*, periódico de Springfield. A cidade inteira morreu de rir. Sensível e orgulhoso, Shields ficou indignado. Descobriu a autoria da carta, montou no cavalo, foi atrás de Lincoln e o desafiou para um duelo. Lincoln não queria brigar. Era contrário a duelos, mas não tinha como escapar e ao mesmo tempo manter sua honra. Coube a ele escolher a arma. Como tinha braços compridos, optou pelas longas espadas da cavalaria e teve lições de esgrima com um graduado por West Point. No dia marcado, ele e Shields se encontraram num terreno arenoso à margem do rio Mississippi, preparados para lutar até a morte. No último minuto, porém, seus padrinhos interferiram e suspenderam o duelo.

Esse foi o incidente mais sinistro da vida de Lincoln. Ensinou-lhe uma lição valiosa na arte de lidar com as pessoas. Ele nunca mais escreveu uma carta ofensiva. E nunca mais ridicularizou ninguém. Daquele dia em diante, raramente fez qualquer crítica a alguém.

Durante a Guerra Civil, por diversas vezes Lincoln trocou de general para comandar o Exército do Potomac, e todos fracassaram de forma trágica. Lincoln andava de um lado para outro, desesperado. Metade da nação estava tomada pela raiva e condenava a incompetência dos generais, mas Lincoln, "sem ser maldoso com ninguém e sendo bondoso com todos", se manteve em paz. Uma das suas citações preferidas era: "Não julgueis se não quiserdes ser julgado."

Quando a Sra. Lincoln e os outros falavam mal dos sulistas, Lincoln respondia: "Não os critique. Eles são exatamente como seríamos em circunstâncias semelhantes."

No entanto, se houve um homem com direito a fazer críticas, esse homem foi Lincoln. Vejamos somente um exemplo:

A batalha de Gettysburg foi travada nos três primeiros dias de julho de 1863. Durante a noite de 4 de julho, o general Robert E. Lee começou a bater em retirada para o sul, enquanto tempestades inundavam a região. Quando Lee alcançou o Potomac com seu exército derrotado, encontrou um rio caudaloso, intransponível, e atrás dele estavam as tropas vitoriosas da União. Lee estava encurralado. Não conseguiria escapar. Aquela era uma oportunidade de ouro, um presente divino – a oportunidade de capturar o exército de Lee e acabar com a guerra de uma vez por todas. Assim, esperançoso, Lincoln ordenou ao então general Meade que atacasse Lee assim que possível, sem antes convocar um conselho de guerra. Enviou a ordem por telegrama e também mandou um mensageiro especial até Meade, exigindo ação imediata.

E o que fez o general Meade? O exato oposto do que lhe foi ordenado. Convocou um conselho de guerra, violando diretamente as ordens de Lincoln. Hesitou. Procrastinou. Enviou um telegrama dando todo tipo de desculpa, mas recusou-se a atacar Lee. Por fim, o volume das águas diminuiu e Lee conseguiu cruzar o Potomac com suas tropas.

Lincoln ficou furioso.

"O que isso significa?", perguntou ao filho Robert, gritando. "Meu Deus! O que isso significa? Eles estavam a nosso alcance; só precisávamos estender as mãos, e seriam nossos. No entanto, nada do que eu disse fez nosso exército se movimentar. Naquela situação, qualquer general poderia ter derrotado Lee. Se tivesse ido até lá, eu mesmo teria lhe dado uma surra."

Decepcionado, Lincoln escreveu uma carta para Meade. E lembre-se: em 1863, Lincoln era extremamente conservador e contido em suas palavras. Assim, vinda de Lincoln, a carta a seguir continha suas mais severas censuras.

Caro general,
Creio que não tenha compreendido a extensão do infortúnio relacionado à fuga de Lee. Ele se encontrava a nosso alcance e, se tivéssemos apertado o cerco, somando-se a isso nossos recentes sucessos, teríamos encerrado a guerra. Agora, porém, a guerra se prolongará indefinidamente. Se o senhor não teve condições de atacar Lee na última segunda-feira, como poderá fazê-lo ao sul do rio, para onde pode levar poucos soldados, não mais que dois terços das forças que se encontravam a seu dispor? Não seria razoável ter essa expectativa, e não creio que tenha condições de realizar tanto. Sua grande oportunidade passou, e estou imensamente perturbado por conta disso.

O que você acha que Meade fez ao ler a carta?
Nada. Meade nunca a viu. Lincoln jamais a enviou. Ela foi encontrada entre seus papéis depois de sua morte.

Meu palpite é – e isso é apenas um palpite – que, depois de escrever, Lincoln olhou pela janela e disse a si mesmo: "Um minuto. Talvez eu não deva ser tão precipitado. É muito fácil ficar sentado aqui, na tranquilidade da Casa Branca, e ordenar que Meade ataque. Mas se eu estivesse em Gettysburg e tivesse visto todo o sangue que Meade viu na última semana, e se tivesse ouvido todos os gritos e gemidos dos feridos e dos moribundos, talvez também não estivesse tão ansioso para executar o ataque. Se eu tivesse o temperamento tímido de Meade, talvez fizesse o mesmo que ele. De qualquer modo, águas passadas não movem moinhos. Se enviar essa carta, posso me sentir aliviado por revelar meus sentimentos, mas ela levará Meade a tentar se justificar. Ela o levará a me condenar. Vai gerar ressentimentos, torná-lo inútil como comandante e talvez obrigá-lo a deixar o Exército."

Lincoln guardou a carta pois aprendera, por meio de experiências amargas, que críticas duras e reprovações quase nunca geram algo de útil.

Theodore Roosevelt dizia que, quando estava na presidência e enfrentava um problema espinhoso, costumava se recostar na cadeira, observar uma grande pintura de Lincoln pendurada na parede sobre sua escrivaninha na Casa Branca e se perguntar: "O que Lincoln faria no meu lugar? Como resolveria o problema?"

Da próxima vez que nos sentirmos tentados a repreender alguém, vamos nos perguntar: "Como Lincoln resolveria esse problema?"

Às vezes, o escritor Mark Twain perdia a cabeça e escrevia cartas que faziam o próprio papel sentir vergonha. Certa vez, escreveu para um homem que havia despertado sua ira: "O que o senhor merece é uma licença de sepultamento. Basta falar comigo e eu a providenciarei." Em outra ocasião, escreveu para um editor sobre um revisor que queria "consertar sua ortografia e pontuação", ordenando: "De agora em diante, resolva o assunto de acordo com a minha versão e certifique-se de que o revisor manterá as sugestões na massa amorfa do seu cérebro deteriorado."

Mark Twain se sentia melhor ao escrever cartas tão agressivas. Eram sua forma de desabafar, e o fato é que elas não provocavam nenhum dano real, pois sua esposa secretamente as tirava do correio. Ou seja, elas nunca eram enviadas.

Existe alguma pessoa que você gostaria de mudar, controlar e aperfeiçoar? Que bom! Sou totalmente a favor. Mas por que não começar por si mesmo? Sendo bem egoísta, ajudar a si mesmo é muito mais proveitoso do que tentar melhorar os outros – e menos perigoso também. Como disse Confúcio: "Não se queixe da neve no telhado do vizinho quando a soleira de sua porta não está limpa."

Certa vez, quando eu era jovem e me esforçava para impressionar as pessoas, escrevi uma carta idiota para Richard Harding Davis, escritor que havia ocupado lugar de destaque na literatura dos Estados Unidos. Eu estava preparando uma matéria de revista sobre escritores e pedi que Davis me descrevesse seu método de trabalho. Semanas antes, havia recebido uma carta de uma outra pessoa com a seguinte anotação no rodapé: "Ditada, mas não lida." Fiquei impressionado. Imaginei que o autor devia ser um figurão muito ocupado e importante. Eu não estava nem um pouco ocupado, mas ansioso por impressionar Davis, por isso também encerrei minha breve carta com as palavras: "Ditada, mas não lida."

Harding nunca se deu ao trabalho de responder. Simplesmente me devolveu a carta com a seguinte frase no pé da página. "Sua falta de educação só é superada por sua falta de educação." Verdade, eu tinha dado uma mancada e talvez merecesse a bronca. Mas, como sou um ser humano, fiquei ressentido. Tão ressentido que, quando li sobre a morte dele dez anos depois, o único pensamento que persistia na minha mente – admito, envergonhado – era sobre a mágoa que ele me causara.

Para provocar um ressentimento que perdure décadas e resista até a morte, basta fazer algumas críticas mordazes, por mais que estejamos convencidos de que são justas.

Ao lidar com pessoas, devemos lembrar que não estamos tratando com criaturas lógicas, mas com seres emotivos, suscetíveis a preconceitos e motivados pelo orgulho e pela vaidade.

Críticas ferozes fizeram com que o sensível Thomas Hardy, um dos melhores romancistas da literatura inglesa, desistisse para sempre de escrever ficção. A crítica levou Thomas Chatterton, poeta inglês, ao suicídio.

Quando jovem, Benjamin Franklin não era uma pessoa famosa pelo tato, mas, quando adulto, tornou-se tão diplomático, tão habilidoso nos relacionamentos interpessoais, que foi designado embaixador americano na França. O segredo de seu sucesso? "Não falarei mal de ninguém e falarei tudo de bom que souber de todo mundo", disse ele.

Qualquer tolo pode criticar, condenar e reclamar – e a maioria dos tolos assim o faz. Mas é preciso ter caráter e autocontrole para compreender e perdoar.

"Um grande homem demonstra sua grandeza pela forma como trata os pequenos", disse o filósofo escocês Thomas Carlyle.

Bob Hoover, famoso piloto de testes e profissional bastante solicitado para participar de shows de acrobacia aérea, voltava para sua casa em Los Angeles depois de uma apresentação em San Diego. Conforme descrito na revista *Flight Operations*, a 90 metros de altitude os dois motores pararam de funcionar de repente. Graças a manobras habilidosas, ele conseguiu aterrissar; a aeronave sofreu graves danos, embora ninguém tenha se ferido.

A primeira coisa que Hoover fez depois do pouso de emergência foi inspecionar o combustível. Como suspeitava, o avião a hélice da Segunda Guerra Mundial tinha sido abastecido com combustível para jatos, e não com gasolina.

Quando voltou ao aeroporto, Hoover pediu para falar com o mecânico que abastecera o avião. O jovem estava se sentindo péssimo por causa do erro que cometera, lágrimas escorrendo pelo rosto enquanto Hoover se aproximava. Ele fora responsável pela destruição de uma nave muito cara e também poderia ter causado uma morte.

Dá para imaginar a fúria de Hoover. Era de esperar que, diante de tamanho descuido, palavras duras sairiam da boca daquele piloto orgulhoso e meticuloso. Mas Hoover não brigou com o mecânico, nem mesmo o criticou. Em vez disso, abraçou-o e disse: "Para provar que tenho certeza de que você nunca mais repetirá o erro, quero que abasteça meu F-51 amanhã."

Com frequência, os pais se sentem tentados a criticar os filhos. Talvez você espere que eu diga que não devem fazer isso. Mas não direi. Direi apenas que, *antes* de criticá-los, leia um clássico do jornalismo americano intitulado "Papai perdoa", texto originalmente publicado como editorial do periódico *People's Home Journal*. Ele aparece na página seguinte, com permissão do autor, em sua versão condensada e publicada na *Reader's Digest*.

"Papai perdoa" é um texto que, criado a partir de sentimentos sinceros, toca tão fundo a sensibilidade do leitor que é considerado um clássico eterno. Segundo W. Livingston Larned, seu autor, desde sua primeira aparição o texto foi reproduzido em "centenas de revistas, publicações internas de empresas e jornais de todo o país. Foi publicado em outros idiomas praticamente na mesma proporção. Milhares de pessoas fizeram a leitura dele na escola, na igreja ou em palestras. Já foi transmitido pelo rádio em incontáveis programas e ocasiões. Por incrível que pareça, também já foi publicado em periódicos universitários e em revistas de instituições de ensino médio. Às vezes, um pequeno texto mobiliza as pessoas de uma forma misteriosa. Foi o que aconteceu com este".

PAPAI PERDOA

W. Livingston Larned

Escute, meu filho: estou falando enquanto você dorme, com sua mãozinha escondida debaixo do rosto, os cachinhos louros grudados na testa úmida. Entrei no seu quarto sozinho e sem fazer barulho. Minutos atrás, enquanto lia o jornal na biblioteca, fui tomado por uma sufocante onda de remorso. Sentindo-me culpado, vim até a cabeceira da sua cama.

Andei pensando em algumas coisas, meu filho: fiquei zangado com você. Repreendi você enquanto se vestia para a escola porque mal enxugou o rosto com a toalha. Chamei sua atenção por não ter limpado os sapatos. Reclamei com raiva quando você jogou suas coisas no chão.

Também me irritei no café da manhã. Você derramou a bebida. Engoliu a comida. Pôs os cotovelos na mesa. Passou manteiga demais no pão. Foi lá fora brincar e, quando saí para o trabalho, você virou para mim, acenou e disse: "Tchau, papai!" Eu franzi a testa e respondi: "Endireite os ombros!"

De noitinha, tudo recomeçou. Quando cheguei perto de casa, vi você de joelhos no chão, jogando bolinhas de gude. As meias estavam furadas. Eu o humilhei diante dos seus amigos e o fiz voltar para casa. Meias são coisas caras, e você teria mais cuidado se tivesse de comprá-las com o próprio dinheiro! Meu filho, imagine isso vindo de um pai!

Você lembra quando, mais tarde, eu estava lendo na biblioteca e você entrou timidamente, com uma carinha triste? Irritado pela interrupção, ergui os olhos do jornal, e você hesitou à porta.

– O que você quer? – perguntei, resmungando.

Você não disse nada, apenas saiu correndo, abraçou meu pescoço e me beijou. Seus bracinhos me apertaram com uma afeição que Deus fez desabrochar em seu coração e que nem minha negligência foi capaz de fazer murchar. Em seguida, você saiu e subiu correndo a escada.

Pois bem, filho: pouco depois, o jornal escorregou das minhas mãos e um medo terrível, nauseante, tomou conta de mim. O que o hábito tem feito comigo? O hábito de encontrar defeitos, de repreender – era assim que eu vinha recompensando você por ser um menino. O problema não era falta de amor; era que eu esperava demais da infância. Eu o avaliava segundo os padrões da minha idade.

E havia muita coisa boa, bela e verdadeira em seu caráter. Seu coraçãozinho era tão lindo quanto o amanhecer entre as colinas. Percebi isso pelo seu gesto espontâneo de correr para me dar um beijo de boa-noite. Nada mais importa esta noite, filho. Eu vim até sua cabeceira na escuridão e me ajoelhei, envergonhado!

Meu gesto não passa de uma autopunição insignificante. Sei que você não compreenderia essas coisas se me ouvisse enquanto estivesse acordado. Mas amanhã serei um papai de verdade! Serei seu companheiro, sofrerei com seu sofrimento, rirei com seu riso. Vou me refrear quando quiser demonstrar impaciência. Repetirei sem parar, como num ritual: "Ele é apenas um menino... um menininho!"

Infelizmente, eu estava enxergando você como um homem. Porém, ao observá-lo neste momento, meu filho, encolhido e exausto em sua cama, vejo que ainda é um bebê. Ontem mesmo estava nos braços de sua mãe com a cabeça apoiada no ombro dela. Eu exigi demais de você, demais.

Em vez de condenar as pessoas, vamos tentar compreendê-las. Vamos tentar descobrir o que as leva a fazer o que fazem. Essa atitude é bem mais útil e interessante do que as críticas, além de cultivar a compaixão, a tolerância e a bondade. Saber tudo é perdoar tudo.

Como dizia o escritor Samuel Johnson: "Nem o próprio Deus se propõe a julgar um homem até o fim de seus dias."

Então por que eu e você deveríamos julgar?

Não critique, não condene, não reclame.

9

O grande segredo para lidar com pessoas

J Á PAROU PARA PENSAR QUE SÓ EXISTE UMA FORMA de conseguir que alguém faça alguma coisa? Isso mesmo, apenas uma: convencendo o outro a querer fazer. Não existe outro modo.

Claro que é possível obrigar alguém a entregar o relógio pressionando o cano de um revólver em suas costas. É possível obter a cooperação dos funcionários com ameaças de demissão – mas só até o momento em que você dá as costas para eles. É possível forçar uma criança a fazer o que você deseja por meio de castigos. Mas métodos tão rudimentares têm consequências extremamente desagradáveis.

A única forma de conseguir que alguém faça algo é dar à pessoa o que ela quer.

O que você quer?

Sigmund Freud dizia que tudo o que fazemos é provocado por duas causas: o impulso sexual e o desejo de ser grande.

John Dewey, um dos maiores filósofos dos Estados Unidos, usou palavras um pouco diferentes. Disse que a mais profunda necessidade da natureza humana é "o desejo de ser importante". Lembre-se destas palavras: "o desejo de ser importante". Elas são significativas. Você lerá muito sobre elas neste livro.

O que você quer? Não me refiro a uma lista longa, mas às pouquíssimas coisas que deseja de verdade, que anseia com uma insistência inegável. Eis uma lista das coisas que a maioria das pessoas deseja:

1. Saúde e vida longa
2. Alimento
3. Sono
4. Dinheiro e bens materiais
5. Um futuro promissor
6. Satisfação sexual
7. O bem-estar dos filhos
8. Sensação de importância

Quase todos esses desejos costumam ser satisfeitos, exceto um. Esse desejo – quase tão profundo e imperioso quanto o alimento ou o sono – raramente é satisfeito. É o que Freud chama de "o desejo de ser grande". É o que Dewey chama de "desejo de ser importante".

Certa vez, Abraham Lincoln começou uma carta dizendo: "Todos gostam de um elogio." William James disse: "O mais profundo princípio da natureza humana é a ânsia de obter reconhecimento." Veja bem: ele não falou "desejo", "vontade" ou "aspiração". Usou a palavra "ânsia", que designa um tipo insaciável de fome humana, e os raros indivíduos que satisfazem essa carência de maneira honesta têm todas as pessoas na palma da mão, e "até o coveiro lamentará sua morte".

O desejo de se sentir importante é uma das principais características que distinguem os homens dos animais. Para ilustrar: quando eu era um garoto da roça no Missouri, meu pai criava porcos de raça Duroc-Jersey e gados com pedigree. Exibíamos nossos animais nas feiras e exposições de rebanhos por todo o Meio-Oeste. Vencemos dezenas de vezes. Meu pai prendia as fitas azuis da premiação numa peça de musselina branca e, quando alguém aparecia lá em casa, ele buscava a musselina. Segurava uma ponta, e eu, a outra, enquanto exibia as fitas azuis.

Os porcos não ligavam para as fitas azuis que conquistavam, mas meu pai ligava. Os prêmios davam a ele um sentimento de importância.

Se nossos ancestrais não tivessem esse desejo intenso de se sentir importantes, não haveria civilização. Sem ele, seríamos como os animais.

Foi esse desejo de se sentir importante que levou um atendente de armazém pobre e iletrado a estudar livros de direito que encontrou no fundo de um barril de coisas descartadas que havia comprado por 50 centavos. Já falei dele aqui. Seu nome era Lincoln.

Foi o desejo de se sentir importante que inspirou Dickens a escrever seus romances imortais. Esse desejo inspirou sir Christopher Wren a talhar suas obras-primas em pedra. Esse desejo levou Rockefeller a juntar milhões que nunca gastou! E esse desejo fez seu vizinho rico construir uma casa grande demais para as necessidades da família.

Esse desejo faz você querer vestir roupas da moda, dirigir os carros que acabaram de ser lançados e falar sobre seus filhos brilhantes.

Esse desejo faz muitos jovens quererem entrar para gangues e participar de atividades criminosas. Segundo E. P. Mulrooney, ex-comissário de polícia de Nova York, o jovem criminoso padrão tem um ego imenso e, quando é preso, costuma pedir exemplares de jornais sensacionalistas que lhe dão destaque na primeira página. A desagradável perspectiva de cumprir uma sentença parece remota, desde que ele possa se gabar de ter sua imagem no mesmo espaço onde costuma haver fotos de políticos e de astros do esporte, do cinema e da TV.

Diz-me como te sentes importante, e te direi quem és. Isso determina seu caráter. É o que há de mais significativo a respeito de sua pessoa. Por exemplo, John D. Rockefeller satisfez esse desejo de importância ao doar dinheiro para a construção de um hospital moderno em Beijing, China, para cuidar de milhões de pobres que nunca havia visto nem nunca veria na vida. O gângster John Dillinger, por outro lado, satisfazia seu desejo de importância sendo bandido, assaltante de bancos e assassino. Enquanto os agentes do FBI o perseguiam, ele invadiu uma fazenda em Minnesota e, orgulhoso de ser o Inimigo Público Número Um, exclamou: "Eu sou Dillinger! Não vou ferir vocês. Só queria dizer que eu sou Dillinger!"

Sim, a diferença fundamental entre Dillinger e Rockefeller é o modo como satisfaziam seu desejo de importância.

A história está repleta de exemplos divertidos de pessoas famosas lutando para se sentir importantes. George Washington queria ser chamado de "O poderoso presidente dos Estados Unidos"; Cristóvão Colombo solicitou o título de "Almirante do Mar Oceano e Vice-Rei da Índia"; a rainha Catarina, a Grande, recusava-se a abrir cartas que não se referissem a ela como "Sua Majestade Imperial"; e, na Casa Branca, a Sra. Lincoln partiu como uma tigresa para cima de uma convidada, gritando: "Como ousa sentar-se em minha presença sem minha permissão?"

Nossos milionários ajudaram a financiar a expedição do almirante Byrd à Antártida, em 1928, na expectativa de que os maciços de montanhas geladas receberiam seus nomes. Victor Hugo aspirava nada menos do que ver a cidade de Paris recebendo seu próprio nome, para homageá-lo. Até Shakespeare, o maior entre os maiores, tentou adicionar valor ao seu nome encomendando um brasão para sua família.

Existem pessoas que utilizam a própria enfermidade para conquistar simpatia e atenção e se sentir importantes. Veja o exemplo da Sra. McKinley. Ela se sentia importante obrigando o marido, o presidente dos Estados Unidos William McKinley, a deixar de lado assuntos delicados de Estado para ficar a seu lado na cama, às vezes durante horas, abraçando-a, acalmando-a até dormir. Alimentava o intenso desejo de atenção insistindo em que ele estivesse a seu lado enquanto ela tratava os dentes. Um dia, fez um verdadeiro escândalo quando ele precisou deixá-la sozinha no dentista para não perder um compromisso com John Hay, seu secretário de Estado.

Certa vez, a escritora Mary Roberts Rinehart me contou a história de uma jovem inteligente e saudável que adoeceu para se sentir importante:

"Um dia, a mulher se viu obrigada a encarar alguma coisa, talvez sua idade. Ela viu que teria anos solitários pela frente e não tinha muito o que esperar da vida. Então ficou de cama. Durante dez anos, sua mãe idosa subiu e desceu as escadas até o terceiro andar carregando bandejas, cuidando dela. Numa manhã qualquer, a pobre mãe, exausta de tanto trabalhar, foi para a cama dormir e morreu. A filha definhou durante algumas semanas. Mas, em certo momento, levantou-se da cama, vestiu as roupas e voltou a viver."

Algumas autoridades no assunto dizem que as pessoas podem até enlouquecer para encontrar, no mundo da loucura, o sentimento de importância negado na dura realidade do mundo. Nos Estados Unidos, existem mais pacientes sofrendo de doenças mentais do que de todas as outras doenças somadas.

Qual é a causa da loucura?

Ninguém é capaz de responder a uma pergunta tão ampla, mas sabemos que certas doenças, como a sífilis, atacam e destroem o cérebro, causando a loucura. Na verdade, cerca de metade de todas as doenças mentais pode ser atribuída a causas físicas, como lesões cerebrais, alcoolismo, toxinas e ferimentos. Mas a parte mais chocante da história é que a outra metade das pessoas que enlouquecem aparentemente não tem problema algum no cérebro. Em exames *post mortem*, quando os tecidos cerebrais são estudados com microscópios poderosos, o cérebro parece tão saudável quanto o de qualquer pessoa.

Por que as pessoas enlouquecem?

Fiz a pergunta ao médico responsável por um de nossos mais importantes hospitais psiquiátricos. Esse médico, que já recebeu as maiores honrarias e os prêmios mais cobiçados por seu conhecimento sobre o assunto, me respondeu com franqueza que não sabia por que tanta gente enlouquece. Ninguém sabe ao certo. Mas disse que muitas dessas pessoas descobrem na insanidade um sentimento de importância que foram incapazes de conquistar na vida real. Em seguida, contou a seguinte história:

"No momento, estou cuidando de uma paciente que teve um casamento trágico. Ela queria amor, satisfação sexual, filhos e prestígio social, mas a vida destruiu todas as suas esperanças. O marido não a amava. Recusava-se até a comer com ela e a obrigou a lhe servir as refeições no quarto, no andar de cima. Ela não tinha filhos nem posição social. Enlouqueceu e começou a imaginar que se divorciou e voltou a ter o nome de solteira. Agora acredita que se casou com um aristocrata inglês e insiste em ser chamada de lady Smith. Quanto aos filhos, imagina que tem um bebê a cada noite. Toda vez que eu a visito, ela diz: 'Doutor, tive um filho na noite passada.'"

A vida naufragou os navios de seus sonhos nos recifes pontiagudos da realidade, mas todas as suas embarcações chegam ao porto nas ilhas ensolaradas da insanidade com as velas cheias.

Trágico? Não sei. O médico me disse: "Se eu pudesse simplesmente estender a mão e restaurar a sanidade dela, não o faria. Ela está mais feliz assim."

Se algumas pessoas precisam tanto do sentimento de importância a ponto de enlouquecerem, imagine o bem que podemos fazer ao dar a elas um reconhecimento honesto.

Charles Schwab foi um dos primeiros executivos dos Estados Unidos a receber um salário anual de mais de 1 milhão de dólares (quando ainda não havia imposto de renda e quem recebia 50 dólares por semana era considerado bem pago). Com apenas 38 anos, foi escolhido por Andrew Carnegie para se tornar o primeiro presidente da recém-criada siderúrgica United States Steel Company em 1921. (Mais tarde, Schwab deixaria a U.S. Steel para assumir a problemática Bethlehem Steel Company, que, depois de reestruturada por ele, se tornaria a mais lucrativa empresa do país.)

Por que Andrew Carnegie pagava 1 milhão de dólares por ano, ou mais de 3 mil dólares por dia, para Charles Schwab? Porque Schwab era um gênio? Não. Porque tinha mais conhecimentos técnicos sobre siderurgia do que qualquer outra pessoa? Que nada! O próprio Charles Schwab me contou que comandava muitos homens que entendiam bem mais do assunto do que ele.

Schwab diz que recebia um salário tão alto sobretudo por sua competência interpessoal. Perguntei como fazia isso, e a seguir reproduzo a resposta, em suas próprias palavras. Palavras que deveriam estar gravadas em bronze e penduradas em todos os lares e escolas, em cada loja e escritório do país; palavras que as crianças deveriam memorizar em vez de perder tempo com decoreba na escola; palavras capazes de transformar qualquer vida se forem levadas à risca:

"Considero minha capacidade de despertar entusiasmo o maior dom que possuo, e a maneira mais eficiente de desenvolver o que existe de melhor numa pessoa são o reconhecimento e o encorajamento. Nada é mais eficaz para aniquilar as ambições de uma pessoa do que críticas de seus superiores. Assim, nunca critico ninguém. Acredito em dar incentivos para o trabalho. Portanto, fico ansioso para elogiar, mas odeio achar defeitos. Se gosto de alguma coisa, *sou caloroso ao demonstrar reconhecimento* e pródigo nos elogios."

É o que Schwab fazia. Mas o que as pessoas costumam fazer? Exatamente o oposto. Quando não gostam de algo, berram com os subordinados. Quando gostam, não falam nada. Como diz um antigo par de versos: "O mal fiz uma vez e para sempre fui lembrado/O bem fiz duas vezes, e dele nunca foi falado."

"Ao longo da vida, conheci uma grande variedade de pessoas, algumas delas importantes, em diversas partes do mundo", declarou Schwab. "Ainda não conheci um indivíduo, mesmo entre os mais famosos e donos de cargos importantes, que não trabalhe melhor ou não se esforce mais ao ser elogiado do que ao ser criticado."

Schwab contou que essa também era uma das principais razões para o sucesso fenomenal de Andrew Carnegie. Carnegie elogiava seus funcionários tanto em público quanto em particular. Quis elogiar seus assistentes até na própria lápide. Escreveu um epitáfio para si mesmo que dizia: "Aqui jaz alguém que sabia conviver com homens mais inteligentes do que ele."

O reconhecimento sincero era um dos segredos do sucesso do empresário John D. Rockefeller no trato pessoal. Por exemplo, quando um de seus sócios, Edward T. Bedford, perdeu 1 milhão de dólares da empresa ao fazer um mau negócio na América do Sul, John D. poderia ter feito críticas, mas sabia que Bedford havia feito o melhor que podia, e o caso foi encerrado. Rockefeller ainda encontrou algo para elogiar: parabenizou Bedford por ter resgatado 60% do dinheiro investido.

"Nem sempre conseguimos ter tanto sucesso!", disse ele ao sócio.

Conheço uma anedota que ilustra muito bem a importância do reconhecimento. Por isso, vou reproduzi-la aqui. Ao final de um dia duro de trabalho, uma lavradora colocou um monte de feno diante de seus colegas do sexo masculino. Eles ficaram indignados e perguntaram se ela havia enlouquecido. A mulher respondeu: "Ora, como eu poderia saber que vocês iriam reparar? Faz vinte anos que cozinho para vocês, e durante todo esse tempo nunca abriram a boca para dizer que não estavam comendo feno."

Há alguns anos foi conduzido um estudo sobre mulheres que abandonam o lar. Adivinhe qual foi considerado o principal motivo para partirem: "falta de reconhecimento". Ficamos tão habituados à presença da outra pessoa que deixamos de dizer quanto são importantes.

Certa vez, durante uma aula, um de meus alunos falou sobre um pedido de sua esposa. Ela e um grupo de mulheres da igreja tinham ingressado num programa de autoaperfeiçoamento. A mulher pediu ao marido que listasse seis coisas que ela poderia fazer para se tornar uma esposa melhor. Ele relatou à turma:

"Fiquei surpreso com o pedido. Sinceramente, teria sido fácil listar seis coisas que gostaria de mudar nela. Mas ela, por sua vez, poderia ter listado mil que gostaria de mudar em mim. Enfim, não fiz a lista. Apenas falei: 'Vou pensar no assunto, e amanhã de manhã dou uma resposta.'"

Ele fez uma pequena pausa, sorriu e continuou a história:

"Na manhã seguinte, acordei bem cedo, liguei para o florista e pedi que enviasse seis rosas vermelhas para minha mulher com um bilhete que dizia 'Não consigo pensar em seis coisas que gostaria de mudar em você. Eu te amo exatamente como você é.' Quando cheguei em casa naquela noite, quem me recebeu à porta? Isso mesmo. Minha mulher! Estava quase chorando. Nem preciso dizer que fiquei extremamente feliz por não ter feito as críticas que ela havia solicitado."

Por fim, ele concluiu:

"Depois que ela entregou o resultado da tarefa no domingo seguinte, na igreja, diversas mulheres do grupo de estudo vieram a mim e me disseram: 'Foi o gesto mais atencioso que vi em toda a minha vida.' Foi quando eu percebi o poder do reconhecimento."

Florenz Ziegfeld, o mais espetacular produtor teatral da Broadway, conquistou sua reputação pela habilidade sutil de "glorificar a garota americana". Por inúmeras vezes, pegou pessoas comuns, sem nenhuma beleza especial, e as transformou em visões glamorosas de mistério e sedução no palco. Por saber o valor do reconhecimento e da confiança, ele fazia as mulheres se sentirem belas usando o simples poder da cortesia e da consideração. Era um homem prático: aumentou o salário das coristas, inicialmente de 30 dólares por semana, para até 175 dólares. Também era delicado: nas noites de estreia nos teatros de revista *Follies*, enviava telegramas às estrelas do elenco e cobria todas as coristas do espetáculo com rosas.

Certa vez, sucumbi ao modismo do jejum e passei seis dias e seis noites sem comer. Não foi difícil. Sentia menos fome ao final do sexto dia do que no segundo. No entanto, sei bem que as pessoas considerariam um crime deixar a família ou os empregados sem ter o que comer durante seis dias. Ao mesmo tempo, elas são capazes de deixá-los seis dias, seis semanas e às vezes 60 anos sem lhes dar um reconhecimento caloroso, que é quase tão desejado quanto o alimento.

Quando Alfred Lunt, um dos grandes atores de sua época, interpretou o papel principal em *Reunião em Viena*, ele declarou: "Não há nada de que eu necessite tanto quanto alimentar minha autoestima."

Alimentamos o corpo de nossos filhos, amigos e funcionários, mas com que frequência alimentamos a autoestima dessas pessoas? Fornecemos comida para dar energia, mas deixamos de oferecer palavras gentis de reconhecimento que permaneceriam na lembrança das pessoas por muitos anos.

Em um de seus programas de rádio da série "O resto da história", Paul Harvey contou como uma demonstração sincera de reconhecimento pode transformar a vida de uma pessoa. Segundo seu relato, certo dia uma professora de Detroit pediu a Stevie Morris que a ajudasse a encontrar um camundongo perdido na sala de aula. Veja bem, ela valorizava o fato de a natureza ter presenteado Stevie com algo que ninguém mais tinha naquela turma – um notável par de ouvidos para compensar seus olhos cegos. Mas aquela havia sido a primeira vez que alguém valorizava aqueles ouvidos talentosos. Muitos anos depois, ele disse que aquele ato de reconhecimento foi o início de uma nova vida, pois dali em diante ele desenvolveu o dom da audição e se aprimorou até se tornar um dos maiores cantores e compositores pop dos anos 1970 com o nome artístico de Stevie Wonder.

Alguns devem pensar: "Ah, que bobagem! *Isso é bajulação!* Esse tipo de coisa não funciona com pessoas inteligentes."

Claro que a bajulação raramente funciona com pessoas com alta capacidade de discernimento. Ela é rasa, egoísta e falsa. Está fadada ao fracasso, e com frequência é o que acontece. Claro que existem pessoas tão famintas, tão sedentas por reconhecimento que vão engolir qualquer coisa, assim como um homem faminto seria capaz de comer grama e minhocas.

Até a rainha Vitória era suscetível às bajulações. Certa vez, o primeiro-ministro britânico Benjamin Disraeli confessou que não economizava elogios ao lidar com a rainha. Suas palavras exatas foram: "Eu exagerava nos elogios."

Mas Disraeli foi um dos homens mais refinados, habilidosos e elegantes que já governaram o vasto Império Britânico. Em sua área de atuação, era um gênio. O que funcionava para ele não necessariamente funcionaria para outros. A longo prazo, a bajulação causa mais danos do que benefícios. É uma falsificação e, assim como o dinheiro falso, acaba causando problemas quando passada adiante.

A diferença entre reconhecer e bajular é simples. Uma atitude é sincera; a outra, não. Uma vem do coração, a outra é da boca para fora. Uma é generosa, a outra é egoísta. Uma é universalmente admirada, a outra é universalmente condenada.

Há pouco tempo, vi o busto de um herói mexicano, o general Álvaro Obregón, no Castelo de Chapultepec, na Cidade do México. No pedestal, estavam gravadas sábias palavras da filosofia do general Obregón: "Não tenha medo dos inimigos que o atacam. Tenha medo dos amigos que o bajulam."

O que sugiro é bem diferente de bajulação: é *um novo estilo de vida*.

O rei Jorge V do Reino Unido tinha uma série de seis máximas nas paredes de seu escritório no Palácio de Buckingham. Uma delas dizia: "Ensine-me a não oferecer nem receber elogios baratos." A bajulação não passa disto: elogios baratos. Certa vez, li uma definição que merece ser registrada. "A bajulação é dizer ao outro exatamente o que ele pensa de si mesmo." O poeta e filósofo Ralph Waldo Emerson escreveu: "Empregue a linguagem que quiser, mas você só conseguirá dizer o que você é."

Se a bajulação resolvesse tudo, todos aprenderíamos o truque e seríamos especialistas em relações humanas.

Quando não estamos enfrentando algum problema, costumamos passar 95% do tempo pensando em nós mesmos. Mas, quando paramos de pensar em nós mesmos e começamos a pensar nos pontos fortes dos outros, não precisamos recorrer à bajulação falsa e barata.

Saber valorizar o outro é uma das virtudes mais negligenciadas hoje em dia. Deixamos de elogiar os filhos quando tiram boas notas na escola e deixamos de encorajá-los quando assam um bolo ou conseguem montar um quebra-cabeça sozinhos pela primeira vez. Nada alegra mais uma criança que esse tipo de interesse e aprovação dos pais.

Da próxima vez que gostar do filé-mignon do restaurante, mande um recado para o chef dizendo que o prato estava excelente, e, quando um vendedor cansado tratá-lo com uma gentileza fora do comum, não deixe de mencionar.

Todo pastor, palestrante, orador sabe como é desanimador entregar-se para uma plateia e não receber um único comentário elogioso de volta. O que se aplica aos profissionais vale em dobro para os trabalhadores em escritórios, lojas e fábricas, para nossa família e nossos amigos. Nos relacionamentos interpessoais, nunca devemos esquecer que todos aqueles que nos cercam são seres humanos que anseiam por reconhecimento.

Aonde quer que você vá, tente deixar um rastro amigável de pequenas centelhas de gratidão. Você se surpreenderá ao vê-las formar pequenas chamas de amizade que crescerão e se transformarão em faróis para iluminar seu caminho da próxima vez que percorrê-lo.

Uma das responsabilidades do cargo de Pamela Dunham, de New Fairfield, Connecticut, era supervisionar o trabalho de um faxineiro que vinha cumprindo muito mal suas tarefas. Os outros funcionários zombavam dele e sujavam os corredores para implicar. Era uma situação horrível, e muito tempo produtivo estava sendo desperdiçado.

Pam tentou motivar o faxineiro das mais diversas formas, sem sucesso, mas reparou que ele às vezes fazia muito bem o serviço. Assim, fez questão de começar a elogiá-lo diante dos outros. Com isso, ele foi melhorando a cada dia, e em pouco tempo começou a fazer o trabalho com eficiência. Atualmente, faz um excelente trabalho e é valorizado e reconhecido pelas pessoas. O reconhecimento sincero gerou resultados positivos numa situação em que as críticas e a zombaria haviam fracassado.

Magoar as pessoas não provoca mudanças nelas e nunca é necessário. Certa vez, li um velho ditado e resolvi recortá-lo e colá-lo no espelho de casa para ler todos os dias. Diz o seguinte: "Passarei por este caminho apenas uma vez. Por isso, se existe qualquer bem ou qualquer gesto de bondade que eu possa fazer em benefício de qualquer ser humano, que eu faça agora. Que eu não adie ou deixe de lado, pois não passarei aqui novamente."

Ralph Waldo Emerson disse: "Todo homem que encontro é superior a mim de algum modo. E, nesse particular, aprendo com ele."

Se isso valia para Emerson, provavelmente é mil vezes mais verdadeiro para nós, certo? Vamos parar de pensar em nossas realizações, nossos desejos, e tentar descobrir os pontos fortes dos outros. Esqueça a bajulação. Ofereça um reconhecimento honesto e verdadeiro. Seja "caloroso ao demonstrar reconhecimento e pródigo nos elogios", e as pessoas prezarão e guardarão suas palavras, repetindo-as pela vida inteira – mesmo anos depois de você ter se esquecido delas.

Faça elogios honestos e sinceros.

10

"Quem consegue isso tem o mundo inteiro a seu lado; quem não consegue trilha um caminho solitário"

No verão, costumo pescar no estado do Maine. Pessoalmente, adoro morangos com creme, mas os peixes preferem minhocas. Assim, quando saio para pescar, não penso no que eu quero, mas no que eles querem, por isso não coloco morangos com creme no anzol. Balanço uma minhoca ou um gafanhoto na frente do peixe e pergunto: "Quer dar uma mordidinha?"

Por que não aplicar o mesmo bom senso da pescaria ao lidar com as pessoas?

Foi o que fez Lloyd George, primeiro-ministro da Grã-Bretanha durante a Primeira Guerra Mundial. Quando perguntavam como ele se mantinha no poder depois que outros líderes do período – Woodrow Wilson, Vittorio Emanuele Orlando e Georges Clemenceau – haviam sido esquecidos, Lloyd George respondia que, se pudesse atribuir sua permanência no topo a uma única razão, seria ao fato de ter aprendido que era necessário lançar a isca adequada ao peixe.

Por que falar sobre nossos desejos? É bobagem. Claro que você sempre quer falar dos seus desejos. O problema é que ninguém mais quer. As outras pessoas são iguais a você: estão interessadas no que elas próprias desejam.

Portanto, a única forma de influenciar as pessoas é falar sobre o que *elas* querem e mostrar como alcançar o que desejam.

Lembre-se disso quando quiser convencer alguém a fazer alguma coisa. Por exemplo, se não quer que os filhos fumem, não faça sermões, não diga que é o que você quer. Em vez disso, mostre que o cigarro pode atrapalhá-los caso queiram entrar para a equipe de basquete ou de atletismo.

Isso vale para crianças, bezerros ou chimpanzés. Veja este exemplo: certo dia, Ralph Waldo Emerson e seu filho tentaram obrigar um bezerro a entrar no curral, mas cometeram o erro de pensar apenas no que queriam: Emerson empurrava, o filho puxava. O problema era que o bezerro fez o mesmo: pensou apenas no que queria. Assim, firmou as pernas e, teimoso, se recusou a deixar o pasto. A empregada deles viu a situação. Não era capaz de escrever ensaios nem livros, mas, pelo menos nessa ocasião, mostrou que entendia de bezerros muito mais que Emerson. Pensou no que o animal queria. Então, num gesto maternal, colocou um dedo na boca do bichinho para que ele sugasse enquanto o conduzia delicadamente até o curral.

Cada ato que você realizou desde o dia em que nasceu aconteceu porque você queria alguma coisa. E quando você fez uma grande doação? Pois é, não foi uma exceção à regra. Você doou porque queria ajudar, queria fazer um ato belo, generoso, divino. "O que vocês fizeram a algum dos meus menores irmãos, a mim o fizeram."

Se você tivesse mais apreço ao dinheiro do que a essa sensação, não teria feito a doação. Claro, você pode ter doado por vergonha de recusar ou a pedido de um cliente. Mas uma coisa é certa: você agiu assim porque queria algo.

Harry A. Overstreet disse em seu esclarecedor livro *Influencing Human Behavior* (Influenciando o comportamento humano): "A ação parte daquilo que fundamentalmente desejamos [...] e o melhor conselho que se pode dar a quem precisa persuadir alguém no trabalho, em casa, na escola ou na política é o seguinte: primeiro, desperte no outro um desejo ardente. Quem consegue isso tem o mundo inteiro a seu lado; quem não consegue trilha um caminho solitário."

Andrew Carnegie, um pobre garoto escocês que começou a trabalhar ganhando dois centavos por hora e acabou doando 365 milhões de dólares, aprendeu desde cedo que a única forma de influenciar as pessoas era falar sobre o que elas desejavam. Ele frequentou a escola por apenas quatro anos, no entanto, aprendeu como ninguém a lidar com gente.

Para ilustrar: a cunhada dele andava preocupada com os dois filhos. Ambos estudavam em Yale e estavam tão ocupados com a própria vida que não escreviam nem se importavam com as cartas ansiosas enviadas pela mãe.

Sabendo disso, Andrew Carnegie apostou que conseguiria fazer os dois lhe escreverem uma resposta sem sequer pedir. Escreveu para os sobrinhos uma carta cheia de conversa fiada, mencionando no rodapé, como quem não queria nada, que junto com a carta havia uma nota de 5 dólares para cada um.

Entretanto, não enviou o dinheiro.

Pouco tempo depois, chegaram respostas pelo correio agradecendo ao "querido tio Andrew" por sua gentil mensagem e... você pode concluir por si mesmo o que veio a seguir.

Outro exemplo de persuasão é o de Stan Novak, de Cleveland, Ohio, aluno do nosso curso. Stan voltou para casa uma noite e encontrou Tim, seu caçula, gritando e espernando na sala de estar. Ia começar no jardim de infância no dia seguinte e estava reclamando porque não queria ir. A reação normal de Stan seria mandar o menino para o quarto de castigo e dizer a ele que era melhor mudar de ideia. Mas, naquela noite, percebendo que isso não deixaria Tim animado para começar a frequentar a escola, Stan se sentou e começou a pensar: "Se eu fosse Tim, por que ficaria animado com a ideia de ir para o jardim de infância?" Ele e a esposa fizeram uma lista de todas as coisas divertidas que o garoto faria – pintar com as mãos, cantar e fazer novos amigos. Em seguida, partiram para a ação.

"Eu, minha mulher e meu outro filho começamos a fazer pintura com as mãos na mesa da cozinha, nos divertindo muito. Pouco tempo depois, Tim já estava nos espiando. Em seguida, se aproximou e pediu para participar. Eu respondi: 'Ah, não! Primeiro você precisa ir para o jardim de infância para aprender a pintar com as mãos.' Em seguida, com todo o entusiasmo, repassei a lista que eu e minha mulher tínhamos feito, mas de uma forma que ele pudesse entender, explicando que ele se divertiria muito no jardim de infância."

Stan fez uma pausa, como que rememorando a situação.

"Na manhã seguinte, achei que tinha sido o primeiro a acordar, mas, quando fui para a sala, encontrei Tim na poltrona, dormindo profundamente. 'O que está fazendo aqui?', perguntei ao acordá-lo, e ele respondeu: 'Estou esperando para ir para o jardim. Não quero me atrasar.' O entusiasmo da família tinha despertado em Tim um desejo que nunca teríamos conseguido provocar com discussões ou ameaças."

Talvez você queira persuadir alguém a fazer algo. Antes de falar, porém, pare e pergunte a si mesmo: "Como posso estimular essa pessoa a querer fazer isso?" Ao nos fazermos essa pergunta, evitamos nos precipitar e ficar tagarelando inutilmente sobre o que queremos.

Certa vez, aluguei o salão de baile de um hotel de Nova York por 20 noites em cada estação, para realizar uma série de palestras. No início de uma dessas temporadas, alguém do hotel me informou que o aluguel seria quase o triplo do valor inicialmente acordado. Recebi a notícia depois que os ingressos tinham sido vendidos.

Claro que eu não queria pagar o novo valor, mas de que adiantaria falar sobre a minha vontade com a direção do hotel? Eles só estavam interessados no que queriam. Por isso, dias depois, fiz uma visita ao gerente.

"Fiquei um pouco chocado ao receber sua carta, mas não o recrimino de forma alguma", falei. "Se estivesse na sua posição, provavelmente teria escrito uma carta parecida. Seu dever como gerente do hotel é torná-lo o mais lucrativo possível. Se não fizer isso, poderá e deverá ser demitido. Mas agora vamos pegar uma folha de papel e escrever as vantagens e desvantagens desse aumento de valor."

Peguei uma folha de papel timbrado e fiz uma linha vertical no meio. De um lado escrevi "Vantagens" e, do outro, "Desvantagens".

Na coluna das "Vantagens" escrevi as seguintes palavras: "Salão livre". Em seguida, expliquei a ele que uma vantagem seria ter o salão desocupado, pronto para ser alugado para festas e convenções. "É uma grande vantagem, porque esse tipo de evento paga bem mais do que uma série de palestras. Se eu comprometo 20 noites do seu salão durante esta estação, com certeza isso significa a perda de negócios bem lucrativos."

Em seguida, considerei as desvantagens: "Em primeiro lugar, em vez de aumentar a receita que vai obter de mim, você vai reduzi-la. Na verdade, vai zerá-la, porque não posso pagar o valor que está pedindo. Serei obrigado a realizar as palestras em outro lugar. Tem outra desvantagem para o senhor. Essas palestras atraem um grande número de pessoas instruídas e cultas para seu hotel. É uma boa forma de publicidade, não é? Na verdade, se gastasse 5 mil dólares em anúncios nos jornais, o senhor não seria capaz de trazer tanta gente para o hotel quanto eu trarei com as palestras. Isso tem um grande valor, não acha?"

Enquanto falava, escrevi as duas "desvantagens" e entreguei a folha de papel ao gerente pedindo que ele refletisse sobre as vantagens e desvantagens e depois me enviasse sua decisão final.

No dia seguinte, recebi uma carta me informando que o aluguel sofreria um reajuste de 50% em vez de 200%.

Veja bem, eu consegui essa redução sem dizer uma palavra sobre o que desejava. Falei o tempo inteiro sobre o que *ele* queria e como conseguir o que desejava. Imagine que eu tivesse feito o que é mais humano e natural – entrar furioso no escritório do gerente e dizer: "Como pode aumentar o aluguel em 200% sabendo que os ingressos já foram impressos e distribuídos e que todos os anúncios já foram feitos? Sério, 200%? Isso é ridículo! Absurdo! Não vou pagar!"

O que teria acontecido? Eu e ele começaríamos a discutir, e o bate-boca esquentaria, pegaria fogo... e você sabe como essas coisas terminam. Mesmo que eu o convencesse de que estava errado, ele estaria com o orgulho ferido, e isso dificultaria que ele recuasse e cedesse.

Eis um dos melhores conselhos já dados sobre a delicada arte dos relacionamentos humanos: "Se existe um segredo para o sucesso, ele consiste na capacidade de entender o ponto de vista do outro e enxergar não só com seus olhos, mas também com os olhos dele", disse Henry Ford.

Isso é tão bom que dá vontade de repetir: "*Se existe um segredo para o sucesso, ele consiste na capacidade de entender o ponto de vista do outro e enxergar não só com seus olhos, mas também com os olhos dele.*"

É tão simples, tão óbvio, que qualquer um deveria enxergar a veracidade desse conselho imediatamente. Porém, a verdade é que 90% das pessoas no planeta ignoram esse fato 90% do tempo.

Quer um exemplo? Observe as cartas que chegarem à sua mesa de trabalho amanhã de manhã. Você perceberá que a maioria viola os princípios mais básicos do bom senso. Veja também a carta a seguir, escrita pelo gerente do Departamento de Rádio de uma agência de publicidade com escritórios em todo o continente. Essa carta foi enviada aos gerentes de estações de rádio locais de todo o país. (Coloquei entre colchetes minhas reações a cada parágrafo.)

> Sr. John_____
> _____, Indiana
> Prezado Sr. _____
> A empresa _____ deseja manter sua posição de liderança entre as agências que atuam no segmento da publicidade radiofônica.

[Quem se importa com os desejos de sua empresa? Eu estou preocupado com meus próprios problemas. O banco está ameaçando executar a hipoteca da minha casa, os parasitas estão destruindo o jardim, a Bolsa despencou ontem. Perdi o trem das 8h15 hoje de manhã, não fui convidado para a festa dos Jones ontem à noite, o médico me contou que tenho pressão alta, neurite e caspa. E aí o que acontece? Chego preocupado no escritório, abro a correspondência e encontro um sujeitinho da cidade grande com uma conversa mole sobre o que a empresa dele deseja. Se ele soubesse como uma carta dessas pega mal, deixaria o ramo da publicidade e começaria a fabricar vermicida.]

> *As contas de alcance nacional desta agência foram o verdadeiro sustentáculo da nossa rede. Os anúncios que vendemos nos mantêm no topo das agências ano após ano.*

[Você é um figurão rico e está no topo, não é? E daí? Não dou a mínima se sua empresa é tão grande quanto a General Motors, a General Electric e as três Forças Armadas juntas. Se tivesse o juízo de um beija-flor, você perceberia que quero saber de mim mesmo, não de você. Todo esse papo sobre seu sucesso me faz sentir pequeno e sem importância.]

> *Desejamos oferecer aos nossos clientes a última palavra em informações sobre as emissoras de rádio.*

[Isso é o que *você* quer! Só que eu não quero saber dos seus desejos nem dos desejos do presidente dos Estados Unidos. Vou dizer de uma vez por todas:

o que me interessa é o que eu quero, e você ainda não disse uma palavra sobre isso nesta carta absurda.]

Poderia, portanto, colocar a empresa _____ na sua lista preferencial de envio de informações semanais sobre a estação, com todos os detalhes que serão úteis para que a agência se programe de forma inteligente?

["Lista preferencial." Que cara de pau! Você me faz sentir insignificante com esse papo de que sua empresa é enorme e depois quer ser colocado numa lista "preferencial", e ainda por cima nem pede "por favor"!]

Uma pronta resposta a esta carta, dando conta de suas últimas ações, será útil aos nossos interesses mútuos.

[Seu idiota! Você me envia uma carta padronizada e enviada para todos os cantos e tem a audácia de pedir que eu me sente e dite uma carta pessoal acusando o recebimento de sua circular quando estou preocupado com a hipoteca, as plantas e minha pressão arterial. E ainda me pede uma "pronta resposta". Como assim "pronta resposta"? Não sabe que sou tão ocupado quanto você? Pelo menos é assim que prefiro pensar. Aliás, quem lhe deu o direito de sair me dando ordens? Você terminou a carta falando dos "nossos interesses mútuos". Pelo menos no fim você começou a ver as coisas pela minha perspectiva. Mas não explicou como isso será vantajoso para mim.]

Atenciosamente,
Fulano de tal
Gerente do Departamento de Rádio

P.S.: Envio anexo um recorte do jornal da cidade que poderá interessá-lo. Talvez queira retransmiti-lo em sua estação.

[Finalmente, no P.S., você menciona algo que pode me ajudar a resolver um dos meus problemas. Por que não começou a carta com isso? Mas, também, de que adianta? Um publicitário que é capaz de me soterrar com tantas baboseiras deve ter algum problema. Você não precisa de uma carta listando nossas "últimas ações". O que precisa é de um frasco de iodo para estimular sua tireoide.]

Pois bem, se aqueles que dedicam a vida à publicidade e posam de especialistas na arte de influenciar pessoas a comprar escrevem uma carta dessas, o que esperar do açougueiro, do padeiro ou do mecânico?

Eis outra carta, essa escrita pelo superintendente de um grande terminal de carga para Edward Vermylen, aluno deste curso. Qual foi o efeito dela sobre o destinatário? Leia, e eu lhe direi.

A. Zerega's Sons, Ltda.
Rua Front, 28
Brooklyn, N.Y. 11201
Aos cuidados do Sr. Edward Vermylen

Senhores,
As operações em nossa estação de transbordo ferroviário estão prejudicadas, pois um alto percentual da carga é entregue no fim da tarde. Isso provoca congestionamento, horas extras de nossos funcionários, atraso dos caminhões e, em alguns casos, atraso também das entregas. Em 10 de novembro, recebemos de sua empresa um lote de 510 itens que chegou aqui às 16h20.
Solicitamos sua cooperação para superar os efeitos indesejáveis que ocorrem quando recebemos a carga tardiamente. Pedimos que, nos dias em que nos enviar um volume como o que recebemos na data anteriormente mencionada, os senhores se esforcem para que o caminhão de entrega chegue mais cedo ou que pelo menos parte da carga chegue aqui pela manhã.
Para os senhores, as vantagens desse arranjo são uma descarga mais pronta dos caminhões e a garantia de saber que suas mercadorias serão despachadas no mesmo dia em que forem recebidas.

Atenciosamente,
Fulano de Tal, superintendente

Depois de ler a carta, o Sr. Vermylen, gerente de vendas da A. Zerega's Sons, enviou-a para mim com o seguinte comentário:

A carta surtiu o efeito contrário do pretendido. Ela começa descrevendo as dificuldades no terminal deles, o que não nos interessava. Eles solicitam nossa cooperação sem cogitar se causaria algum inconveniente e, por fim, só no último parágrafo mencionam que, se cooperarmos, conseguiremos uma descarga mais rápida de nossos caminhões e a garantia de que o frete será despachado no mesmo dia em que for recebido.
Em outras palavras, aquilo que mais nos interessa é mencionado por último. No fim das contas, a carta gera um clima de oposição, não de cooperação.

Vamos tentar reescrever e melhorar essa carta. Não vamos perder tempo falando dos nossos problemas. Como prega Henry Ford, é preciso "entender o ponto de vista do outro e enxergar não só com seus olhos, mas também com os olhos dele".
Eis aqui uma forma de revisar a carta. Talvez não seja o ideal, mas veja se não acha melhor.

Prezado Sr. Vermylen,
Sua empresa tem sido um de nossos excelentes clientes há 14 anos. Claro que somos muito gratos por poder atendê-los, e estamos ansiosos para fornecer o serviço rápido e eficiente que vocês merecem. No entanto, infelizmente não somos capazes de manter o mesmo padrão quando seus caminhões chegam com um grande carregamento no fim da tarde, como aconteceu em 10 de novembro. E por quê? Acontece que muitos dos nossos clientes também costumam fazer entregas a essa hora. Assim, ocorre um congestionamento. Isso significa que seus caminhões acabam detidos no cais e, às vezes, o transporte de sua mercadoria sofre atrasos.
É uma situação ruim, mas evitável. Se as entregas forem feitas pela manhã sempre que possível, os caminhões poderão se movimentar, sua carga receberá atenção imediata e nossos funcionários poderão ir para

casa no início da noite saborear um delicioso jantar com um prato das massas que o senhor fabrica.

Seja qual for o horário de chegada de seus carregamentos, estaremos sempre felizes em fazer tudo que esteja ao nosso alcance para servi-lo prontamente.

Sabemos que o senhor é um homem ocupado. Por favor, não se dê ao trabalho de responder a esta mensagem.

*Atenciosamente,
Fulano de Tal, superintendente*

Barbara Anderson era bancária em Nova York e queria se mudar para Phoenix, Arizona, por uma questão de saúde de seu filho. Usando os princípios que tinha aprendido no curso, ela escreveu a seguinte carta para 12 bancos de Phoenix:

Prezado Senhor,

Minha experiência de dez anos no sistema bancário deve interessar a uma instituição que vem apresentando um crescimento tão rápido quanto a sua.

Ocupei diversas funções no Bankers Trust Company, de Nova York, antes de assumir meu posto atual como gerente de agência, o que me permitiu acumular muita experiência em todas as etapas do processo bancário, entre as quais relações com clientes, crédito e administração. Vou me mudar para Phoenix no mês de maio e tenho certeza de que posso contribuir para o crescimento e o aumento do lucro de sua instituição. Estarei na cidade na semana do dia 3 de abril e adoraria ter a oportunidade de lhe mostrar como posso ajudar seu banco a alcançar suas metas.

*Atenciosamente,
Barbara L. Anderson*

Você acha que a Sra. Anderson recebeu alguma resposta a essa carta? Pois bem: ela foi convidada para uma entrevista por 11 dos 12 bancos e pôde escolher a melhor proposta de trabalho. Por quê? Porque na carta a Sra. Anderson não informava o que *ela* queria. Em vez disso, explicou como poderia ajudá-los, concentrando-se nas necessidades *deles*, e não nas dela própria.

Hoje em dia, milhares de vendedores cansados, desencorajados e mal remunerados lotam as calçadas das ruas. Por quê? Porque só pensam no que desejam. Eles não percebem que as pessoas não querem comprar nada. Se quisessem, sairiam para comprar. O fato é que as pessoas só estão interessadas em resolver os próprios problemas. Se os vendedores conseguissem mostrar como seus serviços ou mercadorias nos ajudarão a resolver nossos problemas, não precisariam vender nada. As pessoas comprariam. E os clientes gostam de sentir que estão comprando, e não que alguém está lhes vendendo algo.

Infelizmente, muitos vendedores passam a vida sem enxergar as coisas do ponto de vista do cliente. Por exemplo, morei por muitos anos em Forest Hills, bairro residencial de Nova York. Certo dia, quando corria para a estação de trem, encontrei um corretor de imóveis que comprava e vendia propriedades na região havia anos. Ele conhecia Forest Hills muito bem, por isso, na pressa, perguntei a ele se minha casa de estuque era feita com chapas metálicas ou telhas ocas. Ele respondeu que não sabia e disse algo que eu já sabia – que poderia descobrir com um telefonema à Associação de Casas e Jardins de Forest Hills. Na manhã seguinte, recebi uma carta dele. Ele havia descoberto a informação que eu queria? Não. Ele poderia ter obtido a resposta de que eu precisava com um telefonema de 60 segundos, mas, na carta, simplesmente repetiu que eu poderia obtê-la com um telefonema e aproveitou para perguntar se poderia cuidar do meu seguro residencial. Não estava interessado em me ajudar, apenas em *se* ajudar.

J. Howard Lucas, de Birmingham, Alabama, conta como dois vendedores da mesma empresa lidaram com situação semelhante. Ele relatou que, muitos anos atrás, era gerente de uma pequena empresa. Num edifício próximo havia a sucursal de uma grande seguradora. Seus corretores tinham áreas de atuação, e a empresa de Lucas estava nas mãos de dois deles, a quem chamou de Carl e John. Certa manhã, Carl apareceu no escritório dele e, como quem não queria nada, mencionou que sua empresa tinha acabado de lançar um novo seguro de vida para executivos e que achava que esse novo produto poderia lhe interessar mais tarde. Ficou de voltar quando tivesse mais informações.

Naquele mesmo dia o outro corretor, John, o viu na calçada enquanto voltava de um intervalo com os colegas e gritou: "Ei, Luke, espere aí! Tenho uma grande notícia para vocês." Saiu correndo e, empolgado, contou-lhes sobre o seguro de vida para executivos que sua empresa tinha lançado naquele mesmo dia (o mesmo que Carl mencionara casualmente). "John queria que nossas apólices fossem as primeiras a ser emitidas", explicou Lucas. O corretor citou alguns fatos importantes sobre a cobertura e terminou dizendo: "É um seguro tão novo que vou pedir para alguém da sede vir aqui amanhã dar explicações. Enquanto isso, vamos assinar e enviar os formulários, para que a pessoa que venha aqui tenha mais dados para trabalhar."

Como ressaltou Lucas, "o entusiasmo dele despertou em nós um desejo ardente pelo seguro, embora ainda não tivéssemos os detalhes. Um tempo depois, as informações confirmaram a primeira impressão de John sobre as apólices, e ele não só vendeu um seguro para cada um de nós, como depois dobrou nossa cobertura".

Lucas terminou a história dizendo: "Carl poderia ter vendido essas apólices para nós, mas não fez qualquer esforço para despertar nosso desejo."

O mundo está cheio de gente ambiciosa e egoísta. Por isso, o raro indivíduo que é altruísta e busca servir aos outros está em grande vantagem. A concorrência é pequena. Owen D. Young, advogado famoso e um dos grandes líderes empresariais dos Estados Unidos, disse uma vez: "Aqueles que conseguem se colocar no lugar dos outros, que conseguem compreender o funcionamento da mente alheia, não precisam se preocupar com o que o futuro lhes reserva."

Se a única lição que você tirar deste livro for aprender a pensar pela perspectiva da outra pessoa, essa capacidade, por si só, poderá ser uma das bases para a construção de sua carreira.

Enxergar o ponto de vista da outra pessoa e despertar nela um desejo ardente não deve ser encarado como manipulação para tirar proveito dela ou prejudicá-la. Todos os envolvidos devem ganhar com a negociação. Nas cartas para o Sr. Vermylen, tanto o remetente quanto o destinatário lucrariam com a implementação das medidas sugeridas. Tanto a Sra. Anderson quanto o banco que a contratou se beneficiaram da carta enviada, pois a instituição contratou uma funcionária valiosa, e ela conquistou um bom emprego. E, no caso dos seguros que John vendeu para o Sr. Lucas, os dois ganharam com a transação.

Michael. E. Whidden, de Warwick, Rhode Island, vendedor da Shell Oil Company para a região, nos dá outro exemplo em que todos ganham a partir do princípio de despertar um desejo ardente. Michael queria se tornar o melhor vendedor de seu distrito, mas um posto de gasolina vinha dificultando sua vida. Era um estabelecimento administrado por um homem de idade que não tinha o menor interesse em manter as instalações limpas. O posto estava em condições tão precárias que as vendas caíam sem parar.

O gerente não dava ouvidos aos apelos de Michael para melhorar as condições do posto. Assim, depois de muitas tentativas de persuasão e muita insistência – sem efeito –, Michael decidiu convidar o gerente a visitar o mais novo posto Shell de sua região. O homem ficou tão impressionado com as instalações que, quando Michael o visitou novamente, o posto estava limpo e havia registrado um aumento nas vendas. Com isso, Michael alcançou o status de melhor vendedor do distrito. Todas as conversas e tentativas de convencimento tinham sido em vão, mas, ao apresentar o posto moderno e despertar no gerente um desejo ardente, o vendedor alcançou seu objetivo, e os dois se beneficiaram.

A maioria das pessoas vai para a faculdade e aprende a ler Virgílio e a dominar os mistérios do cálculo, mas jamais descobre como a própria mente funciona. Por exemplo, certa vez dei aulas de oratória eficiente para jovens recém-formados que estavam começando a trabalhar para a Carrier, a grande fabricante de aparelhos de ar condicionado. Um dos participantes queria persuadir os outros a jogar basquete no tempo livre. Para tentar convencê-los, disse o seguinte:

"Quero que venham jogar basquete. Eu gosto de jogar, mas nas últimas vezes em que fui à quadra não havia gente suficiente. Numa dessas noites, eu e mais duas pessoas estávamos batendo uma bola e... acabei com o olho roxo. Queria que todos aparecessem lá amanhã à noite. Quero jogar basquete."

Ele falou algo de interessante? Você não quer ir a uma quadra deserta, quer? Além disso, também não liga para o que o outro deseja e certamente não quer arranjar um olho roxo.

Será que ele poderia demonstrar aos colegas como obter o que eles desejavam indo ao ginásio? Com certeza. Mais energia. Mais apetite. Mente ativa. Diversão. Jogos. Basquete.

Repetindo o sábio conselho do professor Overstreet: *Primeiro, desperte no outro um desejo ardente. Quem consegue isso tem o mundo inteiro a seu lado; quem não consegue trilha um caminho solitário.*

Um dos alunos do curso de escrita estava preocupado com seu filho pequeno. A criança estava abaixo do peso para a idade e se recusava a comer direito. Os pais se valiam do método habitual para tentar fazê-lo comer. Brigavam e resmungavam. "Mamãe quer que você coma isso e aquilo." "Papai quer que você cresça e fique forte."

O menino se importava tanto com os pedidos quanto nós damos atenção a um grão de areia na praia.

Ninguém com o mínimo bom senso pode esperar que uma criança de 3 anos compreenda o ponto de vista de um adulto de 30, mas era exatamente isso que o pai do menino esperava. Por fim, o pai percebeu e disse a si mesmo: "O que o meu filho quer? Como posso conciliar o que eu quero com o que ele quer?"

Foi fácil encontrar a resposta. O menino tinha um velocípede e adorava brincar na calçada de casa, no Brooklyn. A alguns metros dali morava um menino maior e brigão que o derrubava do velocípede para passear nele. O menininho corria e chamava a mãe, que precisava sair de casa, tirar o valentão do velocípede e devolvê-lo ao filho. Isso acontecia quase todos os dias.

O que o menino queria? Não era preciso ser Sherlock Holmes para encontrar a resposta. Seu orgulho, sua raiva, seu desejo de se sentir importante – todas as suas emoções mais fortes – provocavam nele a vontade de se vingar, de dar um soco no nariz do vizinho valentão. Assim, quando seu pai explicou e prometeu que um dia ele seria capaz de confrontar o outro garoto se comesse as refeições preparadas pela mãe, a comida deixou de ser um problema. O menino teria comido qualquer coisa para ficar grande o bastante e enfrentar quem o humilhara tantas vezes.

Depois de resolver esse problema, os pais enfrentaram outro. O menino tinha o desagradável hábito de fazer xixi na cama. Ele dormia com a avó. De manhã, a senhora o acordava, passava a mão no lençol e dizia:

– Olha só, Johnny, você fez de novo.

E o menino respondia:

–Não fiz, não. Foi você.

Avisos, broncas, castigos, até palmadas – nada adiantava para manter a cama seca. Os pais se perguntavam: "Como fazer o menino parar de molhar a cama?"

Ora, o que ele desejava? Em primeiro lugar, queria um pijama igual ao do pai em vez de um camisolão como o da vovó. Sabendo disso, a avó, que não aguentava mais a situação, se ofereceu para comprar um pijama igual caso ele parasse de fazer xixi na cama. Em segundo lugar, ele queria ter uma cama só para ele. A avó não fez objeções.

A mãe o levou a uma loja de departamentos no Brooklyn, piscou para a vendedora e disse:

– Este jovem cavalheiro quer fazer algumas compras.

Para fazê-lo se sentir importante, a vendedora perguntou:

– Como posso ajudá-lo, meu jovem?

– Quero comprar uma cama – respondeu o menino, orgulhoso.

Quando mostraram ao menino a cama que sua mãe queria que ele escolhesse, ela piscou para a vendedora, que persuadiu o menino a comprá-la.

A cama foi entregue no dia seguinte. De noite, quando o pai chegou em casa, o menino correu até a porta, gritando:

– Papai! Papai! Vem aqui em cima ver a cama que eu comprei!

Ao olhar para a cama, o pai obedeceu aos princípios de Charles Schwab: foi "caloroso ao demonstrar reconhecimento e pródigo nos elogios".

– Não vai fazer xixi na cama, não é? – perguntou o pai.

– Ah, não! De jeito nenhum.

E o menino manteve a promessa, pois envolvia seu orgulho. Aquela era sua cama. Ele tinha comprado sozinho. E agora estava usando pijama igual a um homenzinho. Ele queria agir como homem, e foi o que fez.

Outro pai, K. T. Dutschmann, engenheiro especializado em telefonia e aluno deste curso, não conseguia fazer a filha de 3 anos tomar o café da manhã. Os métodos de sempre – broncas, pedidos, persuasão – tinham fracassado. Os pais se perguntavam: "Como fazê-la querer se alimentar?"

A menina adorava imitar a mãe e se sentir adulta. Assim, certa manhã deixaram que ela se sentasse numa cadeira e preparasse o próprio café da manhã. No momento correto, o pai apareceu na cozinha enquanto ela mexia o cereal. A garota exclamou: "Olha, papai, hoje estou fazendo o cereal!" Ela comeu dois pratos cheios sem que ninguém insistisse – só porque queria. Havia conquistado a sensação de importância. Ao preparar o cereal, descobriu um meio de se expressar.

O advogado e político William Winter comentou certa vez que "a autoexpressão é uma necessidade dominante da natureza humana". Por que não conseguimos adaptar essa psicologia aos negócios? Quando tivermos uma ideia brilhante, em vez de fazer os outros pensarem que ela é nossa, por que não deixá-los entrar na cozinha e ajudar a prepará-la? Eles passarão a pensar que a ideia é deles, vão gostar dela e talvez comer dois pratos cheios.

Lembre-se: "Primeiro, desperte no outro um desejo ardente. Quem consegue isso tem o mundo inteiro a seu lado; quem não consegue trilha um caminho solitário."

Desperte no outro um desejo ardente.

11

Faça isto e você será bem-vindo em qualquer lugar

Por que ler este livro para descobrir como fazer amigos? Por que não estudar a técnica do maior conquistador de amigos que o mundo já conheceu? Quem? Você pode encontrá-lo amanhã, andando na rua. Quando chegar a 2 metros de distância, ele balançará a cauda. Se você parar e fizer carinho, ele vai pular em cima de você e demonstrar afeto. E você sabe que não há interesses ocultos: ele não quer lhe vender um imóvel nem se casar com você.

Já parou para pensar que o cachorro é o único animal que não precisa trabalhar para viver? A galinha tem que pôr ovos, a vaca dá leite e o canário canta. Mas tudo o que o cachorro faz é oferecer amor.

Quando eu tinha 5 anos, meu pai comprou um filhote de pelo castanho-claro para mim. Ele foi a luz e a alegria da minha infância. Todas as tardes, por volta das quatro e meia, ele se sentava na frente de casa e ficava imóvel, observando a estrada com seus lindos olhos. Assim que ouvia minha voz ou me via sacudindo a merendeira, ele partia como um raio, subindo esbaforido a colina para me receber com pulos de alegria e latidos de êxtase.

Durante cinco anos, Tippy foi meu companheiro de todas as horas. Até que, numa noite trágica que nunca esquecerei, foi atingido por um raio e morreu a 2 metros de mim. A morte do meu cachorro foi a tragédia da minha infância.

Você nunca leu um livro de psicologia, Tippy. Não precisava. Sabia, por algum instinto divino, que conseguia fazer mais amigos em dois meses demonstrando interesse genuíno pelos outros do que em dois anos tentando fazer os outros se interessarem por você. Vou repetir. É possível fazer mais amigos em dois meses demonstrando interesse por eles do que em dois anos tentando fazer com que os outros se interessem por você.

No entanto, nós sabemos que, na prática, as pessoas tropeçam pela vida afora tentando fazer com que os outros se interessem por elas. Claro que essa tática não funciona. Ninguém quer saber de você. Ninguém quer saber de mim. As pessoas só querem saber de si mesmas – de manhã, ao meio-dia e depois do jantar.

A Companhia Telefônica de Nova York elaborou um estudo detalhado de conversas telefônicas para descobrir a palavra mais usada. Você já sabe qual é: o pronome pessoal "eu", que foi usado 3.900 vezes em 500 ligações. Quando você vê uma foto de grupo, quem procura em primeiro lugar?

Se tentarmos apenas impressionar as pessoas e despertar o interesse delas por nós, nunca teremos muitos amigos sinceros. Não é assim que se conquista um amigo de verdade.

Napoleão tentou, e, em seu último encontro com a imperatriz, disse: "Josefina, fui mais afortunado que qualquer outro homem deste planeta. No entanto, neste momento você é a única pessoa com quem posso contar."

E os historiadores têm suas dúvidas se Napoleão realmente podia contar com ela.

O famoso psicólogo austríaco Alfred Adler escreveu um livro chamado *What Life Should Mean to You* (O que a vida deve significar para você), no qual afirma: "O indivíduo que não se interessa pelo seu semelhante passa pelas maiores dificuldades na vida e causa os maiores males aos outros. É entre esses indivíduos que se verificam todos os fracassos humanos."

É possível ler dezenas de livros de psicologia sem encontrar uma afirmação tão importante quanto essa. O que Adler escreveu é tão rico em significado que vou repeti-lo em destaque:

> *O indivíduo que não se interessa pelo seu semelhante passa pelas maiores dificuldades na vida e causa os maiores males aos outros. É entre esses indivíduos que se verificam todos os fracassos humanos.*

Certa vez, fiz um curso de escrita de contos na Universidade de Nova York. Numa das aulas, o editor de uma importante revista se colocou diante da turma e disse que bastava ler alguns parágrafos das inúmeras histórias que apareciam sobre sua mesa diariamente para saber se o autor gostava ou não das pessoas. "Se o escritor não gosta das pessoas, as pessoas não vão gostar de suas histórias", afirmou.

Esse veterano interrompeu duas vezes a aula sobre escrita de ficção e pediu desculpas pelo sermão, enfatizando: "O que estou dizendo a vocês são as mesmas coisas que um pregador diria, mas lembrem-se: para ser um escritor bem-sucedido é preciso se interessar pelas pessoas."

Se isso vale para quem escreve ficção, pode ter certeza de que também vale ao lidar com as pessoas cara a cara.

Passei uma noite no camarim de Howard Thurston da última vez que ele esteve na Broadway. Thurston era considerado o rei dos mágicos. Durante 40 anos, viajou pelo mundo sem parar, criando ilusões, encantando plateias, deixando as pessoas sem ar. Mais de 60 milhões de espectadores assistiram a seu espetáculo ao longo da carreira, o que lhe proporcionou um lucro de quase 2 milhões de dólares.

Pedi ao Sr. Thurston que me contasse o segredo de seu sucesso. Com certeza não tinha relação com seu grau de instrução, pois ele fugiu de casa ainda criança, virou sem-teto, viajou em vagões de carga, dormiu em pilhas de feno, mendigou comida de porta em porta e aprendeu a ler dentro dos vagões, olhando para os sinais à margem da ferrovia.

Teria ele um conhecimento superior de magia? Não. Ele me contou que havia centenas de livros sobre ilusionismo e dezenas de pessoas sabiam tanto quanto ele sobre o assunto. Mas Thurston tinha duas coisas que os outros não tinham. Em primeiro lugar, a capacidade de projetar sua personalidade para além das luzes da ribalta. Ele era um *showman*. Conhecia a natureza humana. Tudo o que fazia – cada gesto, cada entonação de voz, cada sobrancelha erguida – era cuidadosamente ensaiado, e seus atos eram cronometrados com total precisão.

Em segundo lugar, Thurston tinha um interesse genuíno pelas pessoas. Ele me revelou que muitos mágicos olhavam para a plateia e diziam a si mesmos: "Aí está um bando de bobos, um bando de caipiras. Vou enganar todo mundo." O método de Thurston, porém, era totalmente diferente. Ele me contou que cada vez que subia no palco dizia a si mesmo: "Eu me sinto grato porque essas pessoas vieram me ver. Graças a elas consigo ganhar a vida fazendo o que gosto. Vou lhes proporcionar o melhor espetáculo possível."

Ele declarou que nunca pisava no palco sem primeiro repetir para si mesmo: "Eu amo meu público. Eu amo meu público." Ridículo? Absurdo? Você tem o direito de pensar o que quiser. Estou apenas reproduzindo, sem fazer comentários, uma receita utilizada por um dos mais famosos mágicos de todos os tempos.

George Dyke, de North Warren, Pensilvânia, foi obrigado a deixar seu posto de gasolina e oficina mecânica após 30 anos de trabalho quando construíram uma autoestrada que passava bem no terreno onde estava seu negócio. Não demorou muito para que os dias ociosos da aposentadoria o deixassem entediado; assim, ele começou a passar o tempo tentando tocar seu velho violino. Não demorou para que começasse a viajar pela região para ouvir música e conversar com violinistas talentosos da área. Com seu jeito humilde e amistoso, geralmente George se interessava em descobrir o passado e os interesses de cada músico que conhecia.

Embora não fosse um grande violinista, fez muitas amizades. Comparecia a festivais e logo se tornou conhecido entre os fãs de música country como "Tio George, o Arranhador de Cordas de Violino do Condado de Kinzua". Quando ouvimos Tio George, ele estava com 72 anos e aproveitava cada minuto de sua vida. Ao manter um interesse genuíno pelas outras pessoas, ele criou uma nova existência para si numa fase da vida em que a maioria das pessoas considera que sua capacidade produtiva já acabou.

Esse também era um dos segredos da espantosa popularidade de Theodore Roosevelt. Até os criados o amavam. Seu valete, James E. Amos, escreveu um livro sobre ele chamado *Theodore Roosevelt, Hero to His Valet* (Theodore Roosevelt, um herói para seu valete). Na obra, Amos relata um incidente esclarecedor:

> Certo dia, minha mulher perguntou ao presidente sobre um determinado tipo de perdiz. Ela nunca tinha visto aquele tipo específico, e Roosevelt descreveu o animal em detalhes. Tempos depois, tocou o telefone na nossa casa [Amos e a mulher moravam numa casinha na

propriedade de Roosevelt em Oyster Bay.] Minha mulher atendeu, e era o Sr. Roosevelt do outro lado da linha. Ele havia telefonado para avisar que uma perdiz daquela raça estava perto da nossa janela e que, se ela olhasse para fora, veria a ave. Pequenas coisas como essa eram típicas dele. Sempre que passava por nossa casa, mesmo quando não estávamos à vista, nós o ouvíamos chamar "Ooo, Anniiiie!" ou "Ooo, Jaaaames!". Era seu jeito de fazer uma saudação carinhosa quando passava por lá.

Como os empregados poderiam não gostar de alguém assim? Como qualquer pessoa seria capaz de não gostar dele?
Certo dia, Roosevelt apareceu na Casa Branca quando o presidente Taft e sua esposa não se encontravam. Ele demonstrou seu carinho sincero pelas pessoas humildes cumprimentando todos os antigos funcionários da Casa Branca pelo nome, até as copeiras. De acordo com o jornalista e militar Archie Butt:
"Quando viu Alice, uma das empregadas da cozinha, Roosevelt perguntou se ainda fazia broa de milho. Alice contou que ainda preparava a broa para os criados ocasionalmente, mas que ninguém a comia no andar de cima. 'Eles demonstram mau gosto, e direi isso ao presidente quando o vir', disse Roosevelt em voz alta. Alice lhe serviu uma broa num prato, e ele foi para o escritório comendo e cumprimentando jardineiros e outros funcionários enquanto passava [...]. Roosevelt se dirigiu a cada pessoa da mesma forma que costumava fazer no passado. Ike Hoover, porteiro-chefe da Casa Branca durante quarenta anos, tinha lágrimas nos olhos ao dizer: 'Este é o único dia feliz que tivemos em quase dois anos, e nenhum de nós trocaria este momento por uma nota de 100 dólares.'"
A mesma preocupação por pessoas aparentemente sem importância ajudou o representante de vendas Edward M. Sykes, de Chantham, Nova Jersey, a manter uma conta. Eis o relato dele:
"Muitos anos atrás, eu fazia visitas a clientes para a Johnson e Johnson na região de Massachusetts. Uma das contas pertencia a uma farmácia em Hingham. Sempre que eu entrava na loja, conversava por alguns minutos com o funcionário que servia refrigerantes e com o balconista antes de falar com o dono e anotar o pedido. Certo dia, procurei o dono da loja e ele me

mandou sair, pois não estava mais interessado em comprar produtos da J&J. Alegou que a empresa estava concentrando suas atividades em mercados e bazares, em detrimento das pequenas farmácias. Saí com o rabo entre as pernas e passei algumas horas dirigindo sem rumo pelas ruas da cidadezinha. Por fim, decidi voltar e tentar ao menos explicar a posição da empresa para o dono da loja."

Sykes contou que, ao chegar, cumprimentou o vendedor de refrigerantes e o balconista como sempre fazia. "Quando procurei o dono, ele sorriu, me recebeu bem e fez um pedido duas vezes maior que o normal. Fiquei surpreso e perguntei o que havia acontecido, pois minha visita anterior tinha sido poucas horas antes. Ele apontou para o vendedor de refrigerantes e disse que, depois que saí, o jovem entrou em sua sala e comentou que eu era um dos poucos vendedores que se davam ao trabalho de cumprimentar todo mundo. Disse ao dono da loja que, se havia algum vendedor que merecia suas vendas, essa pessoa era eu. O dono concordou e permaneceu sendo um cliente fiel. Nunca esqueci que o interesse genuíno nos outros é uma das mais importantes qualidades para um vendedor... aliás, isso vale para qualquer pessoa."

Por experiência própria, descobri que, demonstrando um interesse genuíno, é possível conquistar a atenção, o tempo e a cooperação das pessoas mais requisitadas.

Anos atrás, dei aulas de escrita de ficção no Instituto para Artes e Ciências do Brooklyn. Queríamos que escritores famosos e ocupados como Kathleen Norris, Fannie Hurst, Ida Tarbell, Albert Payson Terhune e Rupert Hughes fossem até lá e nos brindassem com suas experiências. Por isso, escrevemos para eles dizendo que admirávamos suas obras e estávamos interessados em receber seus conselhos e aprender os segredos do sucesso.

Cada uma das cartas recebeu a assinatura de cerca de 150 alunos. Deixamos claro que compreendíamos que eles eram pessoas ocupadas demais para preparar uma aula. Assim, anexamos à carta uma lista de perguntas a serem respondidas sobre eles mesmos e sobre seus métodos de trabalho. Eles gostaram. Quem não gostaria? E assim saíram de casa e foram até o Brooklyn para nos ajudar.

Utilizando o mesmo método, persuadi Leslie M. Shaw, secretário do Tesouro do governo Theodore Roosevelt; George W. Wickersham, procurador-geral do governo Taft; William Jennings Bryan; Franklin D. Roosevelt e muitos outros homens ilustres a conversar com meus alunos nos cursos de oratória.

Qualquer pessoa, seja ela trabalhadora em uma fábrica, atendente ou até um rei sentado em seu trono, gosta de ser admirada. Veja o exemplo do *Kaiser* alemão. Ao fim da Primeira Guerra Mundial, provavelmente ele era o homem mais desprezado e odiado do mundo. Até seu país se voltou contra ele depois que fugiu para a Holanda a fim de salvar seu pescoço. O ódio era tão forte que milhões de pessoas adorariam fazê-lo em pedaços ou queimá-lo na fogueira.

No meio de toda essa fúria incendiária, o *Kaiser* recebeu uma carta simples e sincera, escrita por um menino, transbordante de gentileza e admiração. O garotinho dizia não se importar com o que os outros pensavam: ele o amaria para sempre e o consideraria seu eterno imperador. O *Kaiser* ficou profundamente comovido com a carta e convidou o menino para visitá-lo. O menino foi na companhia da mãe – e, no fim, o *Kaiser* se casou com ela. Esse garotinho não precisava ler um livro sobre como fazer amigos e influenciar pessoas. Ele sabia fazer isso por instinto.

Se quisermos fazer amigos, devemos nos dispor a fazer coisas pelos outros – coisas que exigem tempo, energia, generosidade e cuidado. Quando o duque de Windsor era o príncipe de Gales, foi programada para ele uma viagem à América do Sul. Antes da viagem, ele passou meses estudando espanhol para fazer discursos no idioma do país visitado. E, por essa razão, os sul-americanos o amaram.

Durante anos, fiz questão de descobrir a data de aniversário dos meus amigos. Como? Embora não acredite na astrologia, comecei a perguntar se acreditavam que a data do nascimento tinha alguma relação com o caráter e o temperamento. Em seguida, perguntava à pessoa qual o mês e o dia do seu nascimento. Se ela respondesse 24 de novembro, por exemplo, eu ficava repetindo "24 de novembro, 24 de novembro". Assim que a pessoa me dava as costas, eu escrevia o nome e a data e depois anotava as informações num caderninho de aniversariantes. Assim, no início de cada ano eu marcava as datas dos aniversários num calendário, para que chamassem minha atenção automaticamente. Quando a data chegava, o aniversariante recebia uma carta ou um telegrama meu. Que sucesso eu fazia! Muitas vezes fui a única pessoa a se lembrar.

Se quisermos fazer amigos, devemos cumprimentar as pessoas com animação e entusiasmo. Quando alguém lhe telefonar, use esse método. Atenda com um "Alô" num tom de voz que transmita como está feliz com a ligação. Muitas empresas treinam suas telefonistas para atender com um tom de voz que irradie interesse e entusiasmo. Quem liga sente que a empresa se preocupa com ele. Vamos nos lembrar disso ao atender o telefone amanhã.

Demonstrar interesse genuíno pelos outros não só conquista amigos para você como também pode fazer com que a clientela desenvolva um sentimento de lealdade à sua empresa. Uma edição da revista do National Bank of North America, de Nova York, publicou a seguinte carta, escrita pela correntista Madeline Rosedale:

Gostaria que soubessem quanto aprecio sua equipe. Todos são muito amáveis, educados e prestativos. Depois de esperar numa longa fila, é um grande prazer encontrar um caixa que me cumprimenta de forma tão simpática.

No ano passado minha mãe ficou hospitalizada cinco meses. Durante esse tempo, procurei ser atendida pela caixa Marie Petrucello. Ela demonstrava interesse pelo estado de saúde da minha mãe e sempre perguntava pelos progressos que fazia.

Alguém duvida que a Sra. Rosedale continuará sendo correntista desse banco?

Charles R. Walters, funcionário de um dos grandes bancos de Nova York, foi encarregado de preparar um relatório confidencial sobre determinada empresa. Ele conhecia apenas uma pessoa que sabia os fatos de que precisava com urgência. Enquanto o Sr. Walters era acompanhado até a sala do presidente, uma jovem apareceu à porta do escritório e disse ao presidente que não tinha selos para ele naquele dia.

"Estou colecionando selos para meu filho de 12 anos", contou o presidente ao Sr. Walters.

O Sr. Walters explicou sua missão e começou a fazer perguntas. O presidente deu respostas vagas, genéricas. Não queria falar e parecia que nada poderia persuadi-lo a mudar de ideia. A entrevista foi breve e entediante.

"Sinceramente, fiquei sem saber o que fazer", explicou o Sr. Walters ao relatar a história para a turma. "Mas então me lembrei do que a secretária dissera... selos, um filho de 12 anos... E lembrei que o Departamento de Exterior do banco coletava os selos retirados de cartas que vinham de todos os continentes."

Ele contou que, na tarde seguinte, procurou o presidente e pediu que avisassem que estava levando alguns selos para o filho dele.

"Fui recebido com entusiasmo? Sim, senhor. Ele não apertaria minha mão com mais entusiasmo nem se estivesse em campanha para o Congresso. Irradiava sorrisos e boa vontade. 'Meu George vai adorar este aqui', dizia ele sem parar enquanto examinava os selos. 'E olha este aqui! É um tesouro!'"

O Sr. Walters disse que passou meia hora falando de selos e olhando retratos do filho do presidente. "Em seguida", relatou, "ele devotou mais de uma hora de seu tempo a me transmitir todas as informações que eu queria saber, e eu nem sequer tinha tocado nesse assunto. Ele me contou tudo o que sabia, depois chamou seus subordinados e fez perguntas. Então telefonou para alguns de seus sócios. Ele me soterrou de fatos, números, relatórios e correspondências. No jargão dos jornalistas, consegui um furo."

Outro exemplo:

Durante muitos anos, C. M. Knaphle Jr., da Filadélfia, tentou vender combustível para uma grande rede de postos, mas a empresa continuava se abastecendo com um fornecedor de fora da cidade e, ainda por cima, o caminhão-pipa passava bem na porta do escritório de Knaphle. Certa noite, antes de uma das minhas aulas, ele soltou o verbo, despejando sua ira contra as grandes redes de lojas, dizendo que eram uma praga para o país.

E ele ainda tinha a coragem de se perguntar por que não conseguia vender para aquele cliente...

Seja como for, sugeri que ele mudasse a tática. Em resumo, o que aconteceu foi o seguinte: eu e os alunos decidimos marcar um dia para debater a respeito do crescimento das redes de lojas, discutindo se esse movimento era prejudicial ou benéfico ao país. Sugeri que Knaphle mudasse de lado e assumisse a defesa das redes de lojas.

Dias depois, ele foi procurar um dos executivos da empresa que tanto desprezava e disse: "Não estou aqui para tentar vender combustível. Venho pedir um favor." Então, falou sobre o debate que haveria em sala de aula e acrescentou: "Venho pedir ajuda, pois não consigo pensar em ninguém mais capaz de me fornecer os fatos necessários. Estou louco para vencer o debate e agradecerei qualquer ajuda que puder me dar."

Eis o resto da história nas palavras do próprio Sr. Knaphle:

"Eu havia pedido que ele me concedesse apenas um minuto de seu tempo. Foi com essa condição que ele aceitou me receber. Quando expliquei o caso, ele me pediu que sentasse e falou comigo durante uma hora e 47 minutos. Chamou outro executivo que havia escrito um livro sobre redes de lojas. Escreveu para a Associação Nacional de Redes de Lojas e conseguiu para mim a cópia de um debate sobre o assunto. Ele acredita que as redes de lojas estão prestando um verdadeiro serviço para a humanidade. Sente orgulho do que está fazendo por centenas de comunidades. Seus olhos chegavam a brilhar enquanto falava, e confesso que ele me fez ver coisas que nunca haviam me ocorrido. Ele mudou meu ponto de vista."

O Sr. Knaphle contou que, quando saiu, o executivo o acompanhou até a porta, pôs o braço em volta dos seus ombros, lhe desejou sucesso no debate e pediu que voltasse a visitá-lo para contar como havia se saído. As últimas palavras que lhe disse foram: "Por favor, venha me visitar de novo daqui a alguns meses. Gostaria de fazer um pedido de combustível."

"Para mim, aquilo foi quase um milagre", disse o Sr. Knaphle. "Ele me ofereceu um pedido sem que eu tivesse feito qualquer menção a isso. Fiz mais avanços em duas horas ao demonstrar interesse genuíno nele e em seus problemas do que teria conseguido em 10 anos tentando fazê-lo se interessar por mim e por meu produto."

O senhor não descobriu nenhuma novidade, Sr. Knaphle, pois há muito tempo – 100 anos antes do nascimento de Cristo – Públio Siro, famoso poeta romano, afirmou: "Nós nos interessamos pelos outros quando estão interessados em nós."

Assim como qualquer outro princípio das relações humanas, uma demonstração de interesse deve ser sincera e recompensar não apenas a pessoa que demonstra interesse, mas também a que recebe atenção. É uma via de mão dupla em que as duas partes envolvidas se beneficiam.

Martin Ginsberg, aluno do nosso curso em Long Island, Nova York, relatou como o interesse especial de uma enfermeira afetou profundamente sua vida:

"Era o Dia de Ação de Graças, e eu tinha 10 anos. Estava na enfermaria de um hospital beneficente da cidade e tinha uma grande cirurgia ortopédica agendada para o dia seguinte. Eu sabia que teria meses de confinamento, recuperação e dor pela frente. Meu pai tinha morrido. Eu morava com minha mãe num apartamento minúsculo pago com benefícios do governo. Naquele dia, minha mãe não conseguiu me visitar. Conforme o dia foi passando, fui sendo tomado por sentimentos de solidão, desespero e medo. Sabia que ela estava sozinha em casa, preocupada comigo, sem companhia, sem ninguém com quem fazer a refeição, sem ter sequer dinheiro para pagar por um jantar de Ação de Graças."

Emocionado, Martin fez uma breve pausa, mas seguiu em frente: "Meus olhos se encheram de lágrimas e escondi a cabeça sob o travesseiro, debaixo das cobertas. Chorei em silêncio, mas foi um choro tão amargo que meu corpo inteiro tremia de dor."

De repente, Martin se animou ao lembrar que um tempo depois uma jovem aluna de enfermagem o ouviu soluçar e se aproximou. "Ela tirou a coberta do meu rosto e começou a enxugar minhas lágrimas. Contou como se sentia solitária tendo que trabalhar naquele dia, sem poder ficar com a família, e me perguntou se eu gostaria de jantar com ela. Trouxe duas bandejas de comida: fatias de peru e purê de batata e, de sobremesa, sorvete com calda de cranberry. Conversou comigo, tentou afastar meus medos. Seu turno de trabalho terminava às 16h, mas ela ficou comigo quase até as 23h. Jogamos, conversamos e ela me fez companhia até eu dormir."

Com um sorriso, ele concluiu com um balanço positivo de sua história: "Desde que eu tinha 10 anos vivi muitos dias de Ação de Graças, mas sempre me lembro dessa ocasião e dos sentimentos de frustração, medo, solidão que tomaram conta de mim, mas também do carinho e da gentileza de uma desconhecida que, de algum modo, conseguiu tornar tudo suportável."

Se você quiser que os outros gostem de você, se quiser desenvolver amizades verdadeiras, se quiser ajudar os outros enquanto ajuda a si mesmo, tenha em mente o seguinte princípio:

Desenvolva um interesse genuíno pelos outros.

12

Como fazer as pessoas gostarem de você à primeira vista

Eu estava esperando na fila para enviar uma carta nos correios em Nova York quando reparei que o funcionário parecia entediado com o trabalho – pesar envelopes, entregar os selos, dar o troco, emitir recibos. A mesma rotina monótona ano após ano. Disse a mim mesmo: "Vou fazer esse rapaz gostar de mim. E é óbvio que, para isso, devo dizer algo gentil, não sobre mim, mas sobre ele." Em seguida, perguntei a mim mesmo: "O que posso admirar nele com sinceridade?" Às vezes, essa pergunta é difícil de responder, sobretudo quando lidamos com desconhecidos. Nesse caso específico, porém, foi fácil. Vi de imediato algo que admirei profundamente.

Enquanto ele pesava meu envelope, comentei, entusiasmado:

– Eu daria tudo para ter uma cabeleira como a sua.

Ele levantou os olhos, meio assustado, o rosto se abrindo num sorriso, e, modesto, disse:

– Antigamente ela era muito melhor.

Então eu falei que, mesmo que os dias de glória tivessem passado, a cabeleira dele continuava sendo fantástica. Ele ficou radiante.

Tivemos uma conversa breve e agradável, e a última coisa que ele me disse foi:

– Muitas pessoas já elogiaram meu cabelo.

Aposto que naquele dia ele saiu para almoçar caminhando nas nuvens. Aposto que foi para casa naquela noite e contou para a esposa. Aposto que se olhou no espelho e disse: "É mesmo uma bela cabeleira."

Tempos depois contei essa história em público, e um homem me perguntou: "O que o senhor queria dele?"

O que eu queria dele!

Se somos tão egoístas a ponto de não podermos irradiar um pouco de felicidade e fazer um pequeno elogio sem querer nada em troca, então merecemos o fracasso.

Eu queria, sim, alguma coisa daquele sujeito. Queria algo de valor inestimável. E consegui. Obtive o sentimento de ter feito algo por aquele homem sem que ele fosse capaz de retribuir. Esse é um sentimento que cresce dentro de nós e permanece na memória por muito tempo.

Existe uma lei fundamental na conduta humana. Se obedecermos a ela, raramente teremos problemas na vida. Na verdade, se obedecermos a essa lei, teremos inúmeros amigos e uma felicidade constante. Mas, no exato momento que a violamos, arranjamos problemas. A lei é a seguinte: *Sempre faça com que o outro se sinta importante.* O já mencionado John Dewey dizia que o desejo de ser importante é a mais profunda necessidade da natureza humana. E William James dizia: "O mais profundo princípio da natureza humana é a ânsia de ser reconhecido." Conforme destaquei antes, essa ânsia nos diferencia dos animais. Essa premência é responsável pela própria civilização.

Há milênios os filósofos vêm especulando sobre as regras dos relacionamentos humanos, e, de todas essas especulações, desenvolveu-se apenas um preceito fundamental. Ele não é novo. Na verdade, é tão antigo quanto a própria história. Zoroastro o ensinava a seus seguidores na Pérsia 2.500 anos atrás. Confúcio o pregava na China 2.400 anos atrás. Lao-Tsé, fundador do taoismo, o ensinava a seus discípulos no vale do Han. Buda pregava sobre o assunto à margem do sagrado rio Ganges 500 anos antes do nascimento de Cristo, e os livros sagrados do hinduísmo já o ensinavam mil anos antes. Jesus promoveu os mesmos ensinamentos nas colinas pedregosas da Judeia há mais de 19 séculos e resumiu tudo em um pensamento, provavelmente a regra mais importante do mundo: "Fazei aos outros aquilo que quereis que vos façam."

Você quer a aprovação das pessoas. Quer que reconheçam seu verdadeiro valor. Quer se sentir importante no seu mundinho. Não quer ouvir bajulações baratas e falsas, apenas elogios sinceros. Quer que os amigos e colegas de trabalho sejam, como disse Charles Schwab, "calorosos ao demonstrar reconhecimento e pródigos nos elogios". Todos nós queremos.

Portanto, vamos obedecer à Regra de Ouro e dar aos outros o que gostaríamos de receber.

Como? Quando? Onde? A resposta é: o tempo todo, em toda parte. Durante uma de nossas aulas David G. Smith, de Eau Claire, Wisconsin, contou como lidou com uma situação delicada ocorrida quando lhe pediram para cuidar da barraquinha de comes e bebes durante um show beneficente.

"Na noite do show cheguei ao parque e encontrei duas idosas muito mal-humoradas perto da barraca. Aparentemente, cada uma delas achava que havia sido encarregada do projeto. Enquanto eu pensava no que fazer, um membro do comitê de patrocinadores apareceu e me entregou uma caixa com dinheiro trocado e me agradeceu por cuidar do projeto. Em seguida, apresentou-me Rose e Jane dizendo que eram minhas ajudantes e foi embora."

Ele sorriu ao lembrar que, depois disso, fez-se um longo silêncio. "Quando percebi que a caixa com o troco era, de certa forma, um símbolo de autoridade, eu a entreguei a Rose, expliquei que talvez não conseguisse cuidar muito bem das contas e disse que me sentiria melhor se ela ficasse responsável. Em seguida, sugeri a Jane que mostrasse aos dois adolescentes designados para a área de bebidas como operar a máquina de refrigerantes e pedi que se encarregasse dessa parte do projeto. A noite foi muito agradável: Rose passou o tempo contando o dinheiro toda feliz, Jane supervisionou os adolescentes e eu aproveitei o show."

Não é preciso esperar ser nomeado embaixador na França ou presidente do Comitê de Piqueniques do seu bairro para pôr em prática a filosofia da valorização. Com ela, é possível fazer mágica quase todos os dias.

Se, por exemplo, a garçonete aparecer com purê de batata quando você pediu fritas, diga: "Desculpe incomodar, mas prefiro fritas." É provável que ela responda "Sem problema algum" e troque o acompanhamento, simplesmente porque você foi respeitoso.

Pequenas frases que demonstram gentileza, como "Desculpe incomodar", "Você faria a bondade de_____?", "Por gentileza", "Seria um incômodo?" e "Obrigado", azeitam os mecanismos da monótona engrenagem do dia a dia. Além disso, são sinal de boa educação.

Vejamos outro exemplo. Os romances de Hall Caine foram best-sellers no início do século XX. Milhões e milhões de pessoas leram seus livros. Ele era filho de um ferreiro. Estudou, no máximo, por oito anos, mas, quando morreu, era um dos autores mais ricos de sua época. Caine adorava sonetos e baladas. Por isso, devorou toda a poesia de Dante Gabriel Rossetti. Chegou a escrever um ensaio para louvar as realizações artísticas de Rossetti – e enviou uma cópia para o próprio autor. Rossetti ficou encantado.

"Qualquer jovem que tenha uma opinião tão exaltada a respeito da minha capacidade deve ser brilhante", provavelmente pensou Rossetti.

Assim, o poeta convidou o filho do ferreiro a se mudar para Londres e trabalhar como seu secretário. Foi uma guinada na vida de Hall Caine, pois, em seu novo posto, ele conheceu os grandes nomes da literatura de seu tempo. Beneficiando-se dos conselhos dessas pessoas e inspirado pelo encorajamento delas, Caine se lançou numa carreira que inscreveu seu nome no panteão da literatura.

Sua residência, o castelo de Greeba, na ilha de Man, tornou-se uma meca para turistas de todos os cantos do mundo, e ele deixou uma herança multimilionária. No entanto – quem sabe? –, Caine poderia ter morrido pobre e desconhecido se não tivesse escrito um ensaio expressando sua admiração por um homem famoso.

Esse é o poder do elogio sincero e de coração.

Rossetti considerava-se importante. Isso não tem nada de estranho. Quase todo mundo se considera muito importante.

A vida de muitas pessoas poderia sofrer profundas mudanças se elas tivessem alguém que as fizesse se sentirem importantes. Ronald J. Rowland, um dos instrutores de nosso curso na Califórnia, também é professor de artes e de artesanato. Ele nos escreveu sobre um aluno chamado Chris, da turma de iniciantes:

Chris era um garoto muito tímido e inseguro, o tipo de aluno que geralmente não recebe a devida atenção. Eu também dou aulas para uma turma avançada que, de algum modo, se tornou uma espécie de símbolo de status e privilégio para aqueles que conquistaram o direito de frequentá-la. Numa quarta-feira, Chris trabalhava em sua mesa com dedicação. Quando prestei atenção no garoto, senti que um fogo oculto ardia dentro dele. Perguntei se teria interesse em participar da turma avançada.

Como eu queria ser capaz de expressar o que vi no rosto de Chris, as emoções que tomaram conta daquele garoto tímido de 14 anos enquanto tentava conter as lágrimas.

– Quem, Sr. Rowland? Eu? Acha que sou bom o bastante?

– Sim, Chris, você é bom o bastante.

Nesse momento tive que me afastar, porque as lágrimas queriam brotar dos meus olhos. Quando saiu da sala de aula naquele dia, Chris parecia uns 5 centímetros mais alto. Ele me encarou com aqueles olhos azuis vivos e, em um tom de voz positivo, disse:

– Obrigado, Sr. Rowland.

Naquele dia aprendi algo muito valioso.

Chris me ensinou uma lição que jamais esquecerei: nosso desejo mais profundo é sentir que somos importantes. Para me ajudar a nunca esquecer essa regra, fiz um cartaz onde está escrito "VOCÊ É IMPORTANTE!" e o coloquei na frente da sala de aula, para que todos vejam e para me lembrar que todos os meus alunos são igualmente importantes.

A verdade nua e crua é que quase todas as pessoas que você conhece se sentem superiores a você de algum modo, e uma forma garantida de chegar ao coração delas é deixar que percebam, sutilmente, que você reconhece essa importância com sinceridade.

Lembre-se do que disse Emerson: "Todo homem que encontro é superior a mim de algum modo. E, nesse particular, aprendo com ele."

O patético dessa situação é que, muitas vezes, aqueles que têm menos motivos para ter esse sentimento de realização inflam o próprio ego com estardalhaço e presunção. Como disse Shakespeare: "[...] o homem, o homem orgulhoso/vestido pela mínima autoridade/[...] lança mão de truques tão baratos que fazem os anjos chorarem."

Vou contar como empresários que frequentaram meus cursos aplicaram esses princípios e obtiveram resultados impressionantes. Vejamos o caso de um advogado de Connecticut (que prefere omitir o nome por questões familiares).

Pouco depois de começar a frequentar nossas aulas, o Sr. R. foi de carro até Long Island, acompanhado da mulher, para visitar alguns parentes dela. A esposa o deixou conversando com uma tia idosa e correu para visitar, sozinha, alguns parentes mais jovens. Poucos dias depois aquele homem deveria fazer uma apresentação sobre o modo como aplicava os princípios do reconhecimento, por isso achou que poderia ter uma experiência válida conversando com aquela senhora. Assim, ele observou a casa inteira à procura de algo que pudesse admirar com sinceridade.

– Essa casa foi construída por volta de 1890, não foi? – perguntou ele.

– Foi, sim – respondeu ela. – Foi exatamente o ano da construção.

– Lembra a casa onde nasci. É linda. Bem construída. Espaçosa. Sabe, não se constroem mais casas como esta.

– Tem razão. Hoje em dia, os jovens não ligam mais para as casas bonitas. Tudo o que querem é ter um apartamento pequeno e sair por aí em seus automóveis. Esta aqui é uma casa dos sonhos – disse ela, a voz vibrando com as boas lembranças. – Foi construída com amor. Meu marido e eu sonhamos com ela durante anos antes de construí-la. Não contamos com um arquiteto. Planejamos tudo sozinhos.

Ela mostrou toda a casa para o Sr. R., que expressou sua sincera admiração pelos lindos tesouros que ela colecionara em suas viagens e prezara durante a vida inteira – xales de lã, um antigo serviço de chá inglês, porcelana Wedgwood, camas e cadeiras francesas, pinturas italianas e cortinados de seda que haviam pertencido a um castelo francês.

Depois de apresentar a casa, ela levou o Sr. R. até a garagem. Lá havia um automóvel Packard praticamente novo com as rodas sobre blocos.

– Meu marido comprou este carro para mim pouco antes de falecer – explicou ela em voz baixa. – Desde que ele morreu, nunca mais o usei... Percebi que você aprecia coisas boas, por isso vou lhe dar este carro de presente.

– Hein? Não, isso é de mais para mim. Agradeço sua generosidade, claro, mas eu jamais poderia aceitar. Nem sou seu parente de sangue. Tenho um carro novo, e a senhora tem vários parentes que adorariam ter este Packard.

– Parentes! – exclamou ela. – Sim, tenho parentes que só estão esperando que eu morra para conseguir o carro. Mas não vão ficar com ele.

– Se não quiser dar o automóvel a eles, pode vendê-lo facilmente para um negociante de carros usados.

– Vender?! Acha que eu venderia este carro? Acha que eu suportaria saber que desconhecidos estão andando com este carro para cima e para baixo, com o carro que meu marido comprou para mim? Eu jamais sonharia em vendê-lo. Ele é seu. Você sabe apreciar o belo.

O homem tentou evitar ficar com o automóvel, mas percebeu que estaria ferindo os sentimentos da idosa e acabou aceitando.

Sozinha num casarão com seus xales, antiguidades francesas e lembranças, aquela mulher estava ávida por um pouco de reconhecimento. No passado tinha sido jovem, bela e requisitada. Tinha construído uma casa cheia de amor e colecionado itens de toda a Europa para embelezá-la. Naquele momento, sentindo-se solitária e isolada, ela ansiava por um pouco de calor humano, por um apreço genuíno – mas não recebia isso de ninguém. Assim, quando encontrou o que desejava, como um oásis no meio do deserto, sua gratidão não poderia ser expressa adequadamente de outra forma que não fosse presenteando o homem com seu querido Packard.

Vejamos outro caso: Donald M. McMahon, que foi superintendente da Lewis and Valentine, empresa de paisagismo de Rye, Nova York, relatou o seguinte incidente:

"Pouco depois de ter comparecido a uma palestra sobre como fazer amigos e influenciar pessoas, eu estava cuidando do paisagismo da propriedade de um famoso jurista. O proprietário apareceu para me dar algumas instruções sobre os locais onde queria canteiros de rododendros e azaleias. Em determinado momento eu disse: 'Juiz, o senhor tem um belo hobby. Estou admirado com seus lindos cachorros. Soube que todos os anos o senhor conquista muitas fitas azuis na exposição do Madison Square Garden.'"

McMahon contou que o efeito dessa pequena manifestação de apreço foi notável. "O juiz respondeu: 'Sim, eu me divirto muito com os cachorros. Gostaria de visitar o canil?' Ele passou quase uma hora me mostrando os cães e os prêmios recebidos. Chegou a me apresentar os pedigrees e explicou as linhagens responsáveis por tanta beleza e inteligência. Por fim, voltou-se para mim e perguntou: 'Tem filhos pequenos?' 'Sim. Tenho um menino.' 'Ele gostaria de ter um filhote?' 'Ah, sim, com toda certeza. Ficaria enlouquecido.' 'Pois bem, vou dar um filhote para ele.'"

McMahon abriu um grande sorriso e continuou contando a história: "Ele me explicou como alimentar o filhote. Então, fez uma pausa e disse: 'Você vai esquecer. Melhor eu escrever tudo.' Ele entrou em casa, datilografou o pedigree e as instruções para a alimentação e me deu de presente um filhote que valia muito dinheiro, além de uma hora e 15 minutos de seu tempo valioso. Tudo isso porque expressei minha admiração honesta pelo seu hobby e suas conquistas."

George Eastman, famoso fundador da Kodak, inventou o filme transparente, que tornou possível o cinema, juntou uma fortuna de 100 milhões de dólares e se tornou um dos mais famosos empresários do planeta. No entanto, apesar de todas essas conquistas, ele ansiava por pequenos reconhecimentos, assim como qualquer pessoa.

Para ilustrar: Eastman estava construindo a Escola de Música Eastman e Kilbourn Hall em Rochester, Nova York. Quando James Adamson, presidente de uma fábrica que trabalhava com peças de madeira, soube disso, quis receber o pedido de fornecimento de poltronas dos edifícios. Assim, telefonou para o arquiteto da obra e agendou uma reunião com ele. Quando o Sr. Adamson chegou, o arquiteto disse:

– Sei que o senhor pretende ficar com a encomenda dos assentos, mas posso lhe garantir que não terá a mínima chance se tomar mais do que cinco minutos do tempo de George Eastman. Ele é muito ocupado e rigorosíssimo com relação a isso. Por isso, conte sua história depressa e vá embora.

Adamson estava preparado para fazer exatamente isso.

Quando foi conduzido ao escritório, viu o Sr. Eastman debruçado sobre uma pilha de papéis na escrivaninha. O homem levantou os olhos, tirou os óculos e caminhou até o arquiteto e o Sr. Adamson dizendo:

– Bom dia, cavalheiros, o que posso fazer pelos senhores?

O arquiteto fez as apresentações, e o Sr. Adamson disse:

– Enquanto o esperávamos, fiquei admirando seu escritório. Adoraria trabalhar num lugar assim. Estou no ramo de revestimento em madeira e interiores e nunca vi um escritório mais bonito em toda a minha vida.

– O senhor me fez lembrar de algo que eu havia praticamente esquecido – respondeu Eastman. – É lindo, não acha? Adorei o resultado na época em que foi construído. Mas hoje em dia venho para cá com tanta coisa na cabeça que às vezes passo semanas sem reparar no ambiente.

Adamson deu alguns passos e passou a mão sobre um painel.

– É carvalho inglês, não é? A textura é um pouco diferente da do carvalho italiano.

– É – respondeu Eastman. – Carvalho inglês importado. Foi selecionado por um amigo que trabalha com madeiras de lei.

Em seguida, Eastman mostrou-lhe a sala, fazendo comentários sobre as proporções, as cores, os entalhes em madeira e outros detalhes que ele ajudara a planejar e a executar.

Em certo momento, eles pararam diante de uma janela, e Eastman, de seu jeito modesto e discreto, apontou para algumas das instituições com as quais estava tentando ajudar a humanidade: a Universidade de Rochester, o Hospital Geral, o Hospital Homeopático, o Lar dos Amigos e o Hospital Pediátrico. O Sr. Adamson parabenizou Eastman calorosamente pela forma idealista de empregar sua riqueza para aliviar os sofrimentos da humanidade. Em seguida, Eastman abriu uma vitrine de vidro que estava trancada e pegou a primeira câmera fotográfica que possuíra – uma invenção comprada de um inglês.

Adamson fez diversas perguntas sobre as dificuldades que Eastman precisara superar para abrir seu negócio, e o fundador da Kodak falou de coração aberto sobre a infância pobre, contando como sua mãe viúva cuidava de um albergue, enquanto ele trabalhava num escritório de seguros. O horror da pobreza o assombrava dia e noite, e ele decidiu ganhar o suficiente para que a mãe não precisasse mais trabalhar. O Sr. Adamson estimulou Eastman com mais perguntas e ouviu atentamente enquanto o empresário relatava seus experimentos com chapas fotográficas secas. Contou que trabalhava no escritório o dia inteiro e às vezes virava a noite fazendo experiências, tirando breves sonecas enquanto os produtos químicos agiam, às vezes trabalhando e dormindo sem trocar de roupa por até 72 horas seguidas.

James Adamson tinha entrado no escritório de Eastman às 10h15 e fora avisado de que não deveria ocupar mais do que cinco minutos dele, mas uma hora se passou, duas horas se passaram, e eles continuavam conversando. Por fim, Eastman virou-se para Adamson e disse:

– Da última vez que fui ao Japão, eu trouxe algumas cadeiras, levei-as para casa e coloquei na varanda. Mas o sol fez a tinta descascar, então outro dia fui até a cidade, comprei tinta e pintei as cadeiras eu mesmo. Quer ver como me saio pintando cadeiras? Venha até a minha casa e almoce comigo. Vou lhe mostrar.

Depois do almoço, o Sr. Eastman mostrou as cadeiras compradas no Japão para o Sr. Adamson. Não valiam mais que alguns dólares, mas George Eastman, já então um multimilionário, tinha orgulho delas porque ele mesmo as pintara.

O valor da encomenda de poltronas chegava a 90 mil dólares. Quem você imagina que ficou com o pedido, James Adamson ou algum concorrente?

Desde aquele dia até a morte de Eastman, ele e Adamson permaneceram grandes amigos.

Claude Marais, dono de um restaurante em Rouen, na França, usou o princípio ensinado neste capítulo e impediu que seu estabelecimento perdesse uma funcionária importantíssima. A mulher trabalhava para ele havia cinco anos e era um elo vital entre o Sr. Marais e sua equipe de 21 funcionários. Certo dia, ele ficou chocado ao receber uma carta registrada, enviada por ela, avisando-o de seu desligamento.

O Sr. Marais relatou:

"Fiquei muito surpreso e, acima de tudo, decepcionado, pois tinha a impressão de que havia sido justo com ela e receptivo às suas necessidades. Ela não era apenas uma empregada, mas uma amiga. Provavelmente, eu não a valorizava tanto quanto merecia e talvez exigisse mais dela do que dos outros. Claro que eu não poderia aceitar o pedido de demissão sem uma explicação. Portanto, chamei-a num canto e disse: 'Paulette, você deve compreender que não posso aceitar sua dispensa. Você é muito importante para mim e para essa empresa, e é tão importante para o sucesso deste restaurante quanto eu.' Repeti isso diante da equipe inteira e a convidei a visitar a minha casa, onde reiterei minha confiança nela diante da minha família."

O Sr. Marais contou que, depois disso, Paulette resolveu voltar atrás no pedido de demissão. "Hoje posso confiar nela como nunca. Procuro sempre expressar meu apreço pelo que ela faz, reforçando sua importância para mim e para o restaurante."

"Converse com as pessoas sobre elas mesmas, e elas o ouvirão durante horas", dizia Benjamin Disraeli, um dos homens mais perspicazes a assumir o comando do Império Britânico.

Faça o outro se sentir importante – e seja sincero.

PARTE TRÊS

Maneiras de fazer as pessoas pensarem como você

DALE CARNEGIE DISSE: "A maioria dos indivíduos não tem a habilidade sutil de entrar na fortaleza das crenças das pessoas lado a lado com elas próprias." É no desenvolvimento dessa habilidade sutil que está o segredo para você "convencer as pessoas a pensarem como você e ainda conseguir uma cooperação entusiasmada".

13

Um jeito infalível de fazer inimigos e como evitá-lo

Q UANDO ESTAVA NA CASA BRANCA, Theodore Roosevelt confessou que, se estivesse certo 75% do tempo, teria alcançado suas mais altas expectativas. Se 75% eram o mais alto patamar que um dos homens mais notáveis do século XX poderia sonhar em atingir, o que esperar de você e de mim?

Se puder garantir que está certo 55% do tempo, você pode ir para Wall Street e ganhar 1 milhão de dólares por dia. Se não tem certeza de que consegue acertar nem 55% das vezes, por que deveria dizer aos outros que eles estão errados?

É possível usar o olhar, o tom de voz e os gestos para dizer aos outros, com a mesma eloquência das palavras, que eles estão errados. Mas, se você fizer isso, eles concordarão com você? Nunca! Pois você está acertando um golpe em cheio na inteligência, na capacidade de julgamento, no orgulho e no amor-próprio deles. Eles terão vontade de revidar, mas não de mudar de ideia. Você pode usar toda a lógica de Platão ou Kant, mas não conseguirá fazê-los mudar de opinião, pois feriu os sentimentos deles.

Nunca comece a conversa anunciando: "Vou lhe provar isso e aquilo." É ruim. É como se dissesse: "Sou mais inteligente que você. Vou lhe dizer uma ou duas coisas e fazê-lo mudar de ideia." Esse comportamento soa como um desafio. Provoca o conflito e faz o interlocutor querer o enfrentamento antes mesmo de você argumentar.

Mesmo nas condições mais propícias, é difícil fazer com que as pessoas mudem de ideia. Logo, por que dificultar ainda mais? Por que criar obstáculos para si mesmo? Se você vai provar algo, não informe isso a ninguém. Aja de maneira tão sutil e elegante que ninguém perceba que você está fazendo isso. Esse comportamento foi expresso de forma bastante concisa por Alexander Pope:

"Os homens devem ser ensinados como se não fossem ensinados, e o desconhecido, proposto como se fosse algo esquecido."

Mais de 300 anos atrás, Galileu disse:

"Não é possível ensinar qualquer coisa a um homem. Só é possível ajudá-lo a descobri-la dentro de si."

E lorde Chesterfield disse ao filho:

"Seja mais sábio do que os outros se puder, mas não avise a ninguém."

Por fim, Sócrates disse várias vezes a seus seguidores em Atenas:

"A única coisa que sei é que nada sei."

Não posso querer ser mais inteligente do que Sócrates. Portanto, preciso parar de dizer aos outros que estão errados. Quando faço isso, descubro que vale a pena. Se alguém diz algo que você considera errado – mesmo que você saiba que está errado –, é melhor começar dizendo: "Veja, eu penso diferente, mas posso estar enganado. Muitas vezes eu me engano. Se isso acontecer, quero ser corrigido. Vamos examinar os fatos."

Existe uma magia positiva em frases como: "Posso estar enganado. Muitas vezes eu me engano. Vamos examinar os fatos." Ninguém, sob hipótese alguma e em circunstância alguma, vai se opor a você caso diga algo do tipo. Um de nossos alunos que empregou essa abordagem ao lidar com os clientes foi Harold Reinke, revendedor da Dodge em Billings, Montana. Ele relatou que, por causa das pressões do ramo automobilístico, costumava ser duro e insensível com as reclamações da clientela. Isso gerava ânimos exaltados, perda de negócios e um ambiente desagradável. Ele falou para a turma:

"Reconheci que esse comportamento não estava me levando a lugar nenhum e decidi mudar. Passei a dizer: 'Nossa revenda tem cometido tantos erros que vivo passando vergonha. Talvez tenhamos nos enganado no seu caso. Me fale sobre o problema.' Essa abordagem desarma o cliente, e, depois que ele desabafa, costuma ficar bem mais razoável na hora de resolver o problema. Na verdade, diversos clientes me agradeceram por ter uma atitude tão compreensiva, e dois chegaram a levar amigos para comprar carros novos. Nesse mercado altamente competitivo, precisamos mais de clientes fiéis, e acredito que demonstrar respeito pela opinião de todos os clientes e tratá-los com diplomacia e cortesia me ajudará a superar a concorrência."

Você nunca arranjará problemas ao admitir que pode estar errado. Essa postura interrompe a discussão, inspira seu oponente a ser tão justo, aberto e receptivo quanto você e o faz admitir que também pode estar errado.

Se você tem certeza absoluta de que a pessoa está enganada e diz isso sem rodeios, o que acontece? Veja o seguinte exemplo: certa vez, o Sr. S., jovem advogado nova-iorquino, trabalhava num caso muito importante diante da Suprema Corte dos Estados Unidos (*Lustgarten vs. Fleet Corporation* 280 U.S. 320). O caso envolvia uma considerável soma de dinheiro e uma importante questão do direito. Durante a argumentação, um dos juízes da Suprema Corte perguntou a ele se o estatuto de limitações da lei do almirantado era de seis anos. O Sr. S. parou, fitou o juiz por um momento e em seguida respondeu, bruscamente, que não existia estatuto de limitações do almirantado.

"Houve um silêncio no tribunal", disse o Sr. S ao relatar o caso durante uma das aulas do curso. "Tive a sensação de que a temperatura caiu para zero grau. Eu estava certo. O juiz... estava errado. E eu tinha dito isso. Mas isso o tornou mais amigável? Não. Ainda acredito que a lei estava do meu lado. E sei que aquela apresentação foi a melhor da minha vida até então. Mas eu não o persuadi. Cometi um tremendo erro ao dizer a um homem muito culto e famoso que ele estava errado."

Poucas pessoas são lógicas. A maioria de nós tem preconceitos e vieses. A maioria de nós é flagelada por noções preconcebidas, sente ciúme, desconfiança, medo, inveja e orgulho. E a maioria das pessoas não quer mudar de ideia sobre religião, corte de cabelo, comunismo ou sua estrela de cinema preferida. Portanto, caso você tenha vontade de dizer que as pessoas estão erradas, por favor, leia o parágrafo a seguir todos os dias antes do café da manhã. Pertence ao elucidativo livro *A formação da mentalidade*, de James Harvey Robinson.

Às vezes, mudamos de ideia sem qualquer resistência e com naturalidade, mas, se nos dizem que estamos errados, ficamos ressentidos e nosso coração endurece. Somos incrivelmente negligentes na formação das nossas crenças, mas somos tomados por uma paixão indevida quando alguém propõe nos livrarmos delas. Claramente, isso não acontece porque nossas ideias nos são caras, mas, sim, porque nossa autoestima é ameaçada... As palavrinhas "meu" e "minha" são as mais importantes nas relações humanas, e perceber isso é o começo da sabedoria. Elas têm a mesma força, não importa se dizemos "meu" jantar, "meu" cachorro e "minha" casa ou "meu" pai, "meu" país e "meu" Deus. Não ficamos apenas ressentidos quando nos dizem que nosso relógio está errado e nosso carro está sujo, mas também que nossa concepção sobre os canais de Marte está errada, nossa pronúncia da palavra "epíteto" é ruim, nosso ponto de vista sobre o valor medicinal da salicina e sobre as datas de Sargão I estão equivocados. Gostamos de continuar acreditando naquilo que nos acostumamos a aceitar como verdadeiro, e o ressentimento despertado quando alguém lança dúvidas sobre nossos pressupostos nos leva a procurar uma desculpa para nos agarrarmos a eles. Resultado: a maior parte daquilo que chamamos de raciocínio consiste em encontrar argumentos para continuar acreditando naquilo em que já acreditamos.

Em seu livro *Tornar-se pessoa*, o renomado psicólogo Carl Rogers escreveu (trecho adaptado):

Descobri que é de enorme valor quando consigo me permitir compreender o outro indivíduo. A maneira que escolhi para escrever essa frase pode parecer estranha. É necessário se permitir compreender o outro? Acredito que sim. Nossa primeira reação à maioria das afirmações (que ouvimos dos outros) é avaliar ou julgar, e não compreender. Quando alguém expressa algum sentimento, ponto de vista ou uma crença, nossa tendência quase imediata é sentir que "está certo" ou "é estúpido", "é anormal", "é irracional", "é incorreto", "é ruim". Poucas vezes nos permitimos compreender exatamente o que a afirmativa significa para o outro.

Certa vez, contratei um decorador de interiores para fazer algumas cortinas para minha casa. Quando a conta chegou, fiquei desesperado.

Dias depois, uma amiga me visitou e reparou nas cortinas. Falei o preço, e ela exclamou, com um leve tom de triunfo: "O quê? Que horror! Lamento que ele tenha se aproveitado de você."

Ela disse a verdade, mas poucas pessoas gostam de ouvir verdades que refletem seus pontos de vista. Por isso, como sou humano, tentei me defender. Destaquei que, no fim, a melhor qualidade acaba saindo barata, que não se pode obter qualidade e gosto artísticos a preço de banana, etc.

No dia seguinte, outra amiga apareceu, admirou as cortinas, ficou entusiasmada e disse que adoraria poder arcar com os custos de criações tão belas em sua casa. Minha reação foi totalmente diferente. Confessei: "Para falar a verdade, eu também não tenho condições de arcar. Paguei caro demais. Me arrependi de ter encomendado essas cortinas."

Quando estamos errados, podemos admitir para nós mesmos, e quando somos tratados com tato e gentileza, podemos admitir para os outros e até nos orgulhar de falar com franqueza e a mente aberta. Mas não agimos assim se nosso interlocutor faz questão de nos lembrar o fato desagradável.

Horace Greeley, o mais famoso editor americano na época da Guerra Civil, discordava veementemente das políticas de Lincoln. Acreditava ser capaz de levar Lincoln a concordar com ele com uma campanha de ridicularizações e agressões. Greeley agiu dessa forma mês após mês, ano após ano. Chegou ao ponto de escrever um ataque pessoal, brutal, amargo e sarcástico contra Lincoln no dia em que o presidente foi alvejado por Booth. Toda essa amargura teria levado Lincoln a concordar com Greeley? De forma alguma. Ridicularizar e agredir nunca funcionam.

Se quiser excelentes sugestões sobre como lidar com as pessoas, como se comportar e aprimorar sua personalidade, leia a autobiografia de Benjamin Franklin – uma das mais fascinantes histórias de vida já escritas, um clássico da literatura americana. Ben Franklin conta como superou o péssimo hábito de entrar em discussões e se tornou um dos homens mais capazes, gentis e diplomáticos da história dos Estados Unidos.

Certo dia, quando Franklin ainda era um jovem desajeitado, um velho amigo o chamou para uma conversa e soltou algumas verdades inconvenientes. Foi alguma coisa assim:

Ben, você é impossível. Quando você dá uma opinião, ela vem carregada de agressões a quem discordar. São tão ofensivas que ninguém se importa com elas. Seus amigos percebem que se sentem melhor quando você não está por perto. Você é tão sábio que ninguém pode lhe dizer nada. E a verdade é que ninguém vai sequer tentar lhe dizer nada, o que só geraria desgaste e mal-estar. Por isso, é provável que você não aprenda mais do que já sabe atualmente, o que é bem pouco.

Uma das coisas mais incríveis que sei sobre Ben Franklin é a forma como ele aceitou essa repreensão tão incisiva. Na época, ele já era grande e inteligente o bastante para perceber que aquilo era verdade, para sentir que estava fadado ao fracasso e a se tornar um desastre social. Por isso, deu uma guinada. Começou a mudar imediatamente, deixando de lado a insolência e a presunção.

"Eu me impus uma regra: passei a evitar toda e qualquer discussão que pudesse ferir os sentimentos alheios e a me reprimir quando quisesse fazer afirmações categóricas ao expor meus pensamentos. Cheguei a me proibir de usar palavras ou expressões que implicavam uma opinião inabalável, como 'com certeza', 'sem dúvida', etc. No lugar delas, adotei 'acredito', 'entendo' ou 'imagino' que algo é assim ou assado, ou 'no momento, me parece que...'. Quando alguma pessoa afirmava algo que eu acreditava estar errado, eu me negava o prazer de contradizê-la sem a menor cerimônia e demonstrar que ela estava falando um absurdo. Quando eu precisava responder a alguém, começava dizendo que em determinados casos e circunstâncias aquela opinião estaria correta, mas, no caso em questão, parecia haver algumas diferenças, etc. Logo descobri a vantagem dessa mudança de comportamento. As conversas se tornaram mais agradáveis. Passei a dar opiniões de forma modesta, o que fez com que fossem mais bem recebidas e causassem menos contradições. Passei a sofrer menos quando descobria que estava enganado. Quando eu estava certo, tornou-se mais fácil fazer meu ponto de vista prevalecer e os outros reverem os próprios erros e concordarem comigo."

Em outro trecho, ele acrescenta: "Quando passei a agir dessa forma, no começo tive a sensação de que estava cometendo uma violência contra minha natureza, mas, com o passar do tempo, esse comportamento se tornou tão fácil e habitual que talvez tenham se passado cinquenta anos sem que alguém tenha me ouvido soltar qualquer expressão dogmática. Depois da integridade do meu caráter, considero esse hábito a mais importante característica que me ajudou a obter tanta influência junto a meus compatriotas quando propus novas instituições ou a alteração das antigas, e tanta influência nos conselhos públicos de que participei. A verdade é que nunca passei de um mau orador, sem eloquência, hesitante na escolha das palavras, com um domínio mediano da linguagem. No entanto, em geral eu conseguia transmitir minhas ideias."

Como os métodos de Ben Franklin funcionam no mundo dos negócios? Vamos examinar dois exemplos.

Katherine A. Allred, de Kings Mountain, Carolina do Norte, é supervisora de engenharia industrial de uma fábrica de fiação. Diante de uma de nossas turmas, ela contou como lidou com um problema difícil antes e depois de nosso treinamento:

"Parte de minha responsabilidade é lidar com o estabelecimento e a manutenção de sistemas de incentivos e de padrões para nossos operadores, de modo que possam ganhar mais dinheiro aumentando a produção. O sistema que estávamos usando funcionava bem quando produzíamos apenas dois ou três tipos de fio, mas pouco antes tínhamos expandido nosso estoque e nossas instalações para permitir a produção de mais de 12 variedades. O sistema anterior não servia mais para fornecer uma remuneração justa pelo trabalho e não incentivava mais um aumento da produção."

Katherine contou que havia desenvolvido um novo sistema que permitiria à fábrica pagar a cada operador pelo tipo de fio. "Entrei numa reunião determinada a mostrar aos diretores que aquela era a abordagem correta. Expliquei detalhadamente por que estavam errados e demonstrei em que pontos estavam sendo injustos e que meu novo sistema tinha todas as respostas necessárias para corrigir os defeitos. Para dizer o mínimo, foi um fracasso retumbante! Perdi tanto tempo defendendo minha posição que não dei a eles nenhum espaço para admitir com elegância os problemas do sistema antigo. O assunto estava encerrado", admitiu.

Ela abriu um sorriso e continuou:

"Depois de comparecer a várias aulas deste curso, percebi claramente onde havia errado. Marquei uma nova reunião e, dessa vez, perguntei onde achavam que estavam os problemas. Conversamos sobre cada ponto, e pedi a opinião de todos sobre o melhor procedimento a ser adotado. De tempos em tempos dei algumas sugestões discretas e deixei que eles desenvolvessem meu sistema sozinhos, naturalmente. No fim da reunião, quando enfim apresentei minha proposta, ela foi aceita com entusiasmo."

Ela concluiu dizendo:

"Estou convencida de que, quando dizemos a uma pessoa, sem rodeios, que ela está errada, nada de bom acontece e podemos causar muitos danos. Esse comportamento elimina o sentimento de dignidade própria de quem o ouve. Com isso, você se torna uma parte desagradável de qualquer discussão."

Vejamos outro exemplo, e lembre-se de que os casos que menciono são típicos das experiências de milhares de pessoas. R. V. Crowley era vendedor de uma madeireira em Nova York. Crowley admitiu que durante muitos anos disse a seus inspetores, pessoas calejadas no trabalho, que eles estavam errados. E, quando discutia com eles, saía por cima, mas a verdade é que isso não adiantava de nada.

"Inspetores da indústria madeira são como árbitros de futebol", disse o Sr. Crowley. "Quando tomam uma decisão, nunca mais mudam de ideia."

Depois de um tempo, o Sr. Crowley percebeu que sua empresa estava perdendo milhares de dólares graças às discussões que ele ganhava. Assim, enquanto participava do meu curso, ele decidiu mudar de tática e parar com as argumentações. O que aconteceu? Ele mesmo contou a história a seus colegas de turma:

"Certa manhã, o telefone tocou no escritório. Do outro lado da linha, havia uma pessoa irritada me informando que toda a madeira de um vagão que havíamos despachado para sua fábrica estava insatisfatória. A empresa tinha interrompido a descarga e solicitou que tomássemos providências imediatas para retirar a madeira do pátio. Após a descarga de um quarto da carga do vagão, o inspetor deles relatou que a madeira estava 55% abaixo do padrão. Assim, eles se recusavam a aceitar o carregamento."

O Sr. Crowley estava nitidamente tenso ao relembrar a história.

"Fui imediatamente até as instalações deles. No caminho, pensei em qual a melhor forma de lidar com a situação. De modo geral, eu deveria citar as regras de qualidade e tentar usar minha experiência e expertise na inspeção de madeira para convencer o inspetor deles de que a madeira tinha a qualidade exigida e que ele se equivocava na interpretação das regras. No entanto, decidi aplicar os princípios que aprendi neste curso. Quando cheguei, encontrei o agente que fizera a compra e o inspetor, ambos de péssimo humor, preparados para discutir e brigar. Nós três nos dirigimos ao vagão que estava sendo descarregado. Solicitei que continuassem a descarga para vermos como as coisas progrediam. Pedi ao inspetor que separasse as peças rejeitadas, como vinha fazendo, e fizesse outra pilha com as boas."

Os alunos ouviam com atenção.

"Depois de observá-lo por algum tempo, comecei a perceber que a inspeção realmente estava sendo rígida demais e que ele se equivocava na interpretação das regras. A madeira em questão era o pinho-branco, e eu sabia que o inspetor conhecia bem as madeiras resistentes, mas não tinha tanta competência nem experiência com o pinho-branco. O pinho-branco, por acaso, era a minha especialidade, mas mesmo assim não fiz objeções ao modo como ele estava classificando a madeira. Simplesmente continuei observando e, aos poucos, comecei a perguntar por que determinadas peças não eram satisfatórias. Em momento algum insinuei que o inspetor estava errado. Deixei claro que só estava perguntando para poder fornecer à empresa deles exatamente o que queriam nas futuras remessas. Ao fazer perguntas num espírito amistoso, cooperativo, insistindo em dizer que eles estavam corretos ao descartar as tábuas inadequadas, fiz com que o humor do inspetor melhorasse, e a tensão começou a diminuir. Em certo momento, teci um comentário ocasional que o despertou para a possibilidade de que talvez as peças rejeitadas correspondessem ao padrão que eles haviam comprado e que seria necessário um padrão mais caro para atender aos requisitos deles. O tempo inteiro tomei todo o cuidado para não fazer o inspetor pensar que eu estava criando caso."

O Sr. Crowley contou que, aos poucos, a atitude do inspetor mudou: "Ele enfim admitiu que não tinha experiência com pinho-branco e começou a me fazer perguntas sobre cada peça que saía do vagão. Eu explicava por que as peças tinham a qualidade especificada, mas insisti em dizer que não queríamos que ele aceitasse caso as peças não servissem para sua empresa. Em certo momento, ele começou a se sentir culpado cada vez que colocava uma peça na pilha de rejeitadas e acabou concluindo que o erro era deles, por não terem especificado a qualidade que atendia às suas necessidades. No fim, ele resolveu examinar toda a carga depois que parti, aceitou o lote inteiro e recebemos o valor total da venda."

Ele concluiu falando da lição que tirou do caso:

"Nesse exemplo, um pouquinho de tato e de cuidado para não apontar os erros dos outros evitou que minha empresa perdesse uma soma substancial. Seria difícil estabelecer um valor em dinheiro para a boa vontade que foi preservada nessa situação."

Perguntaram a Martin Luther King como ele, um pacifista, podia admirar o general da Força Aérea Daniel "Chappie" James, na época o oficial negro mais graduado do país. O Dr. King respondeu: "Julgo as pessoas com base nos princípios delas, e não nos meus."

De forma semelhante, certa vez o general Robert E. Lee falou com o presidente dos Confederados, Jefferson Davis, a respeito de um oficial sob seu comando, usando os termos mais elogiosos. Ao ouvir a conversa, outro oficial ficou estarrecido e resolveu perguntar:

– General, o senhor sabia que o homem que tanto elogia é, na verdade, um de seus piores inimigos, alguém que nunca perde uma oportunidade de maldizê-lo?

– Sim, eu sei – respondeu o general Lee. – Mas o presidente me perguntou o que eu acho dele, e não o que ele acha de mim.

Aliás, não estou revelando nada de novo neste capítulo. Dois mil anos atrás Jesus já dizia:

"Concorda prontamente com teu adversário."

E 2.200 anos antes do nascimento de Jesus, o faraó Akhtoi, do Egito, ofereceu conselhos perspicazes ao filho – conselhos extremamente necessários nos dias atuais:

"Seja diplomático. Isso o ajudará a alcançar o que deseja."

Em outras palavras, não discuta com seu cliente, seu cônjuge ou seu adversário. Não diga que estão errados, não os irrite. Use um pouco de diplomacia.

Demonstre respeito pela opinião alheia.

Nunca diga "Você está errado".

14

Uma gota de mel

SE VOCÊ SE IRRITAR E SAIR POR AÍ DIZENDO poucas e boas, vai se sentir bem ao descarregar esses sentimentos. Mas o que acontece com a outra pessoa? Ela terá o mesmo prazer que você? Será que seu tom agressivo e sua atitude hostil vão contribuir para que ela concorde com você?

"Se você se aproximar de mim com os punhos cerrados, garanto que os meus vão se cerrar muito mais rápido que os seus", disse Woodrow Wilson. "Mas, se me procurar e disser 'Vamos discutir o assunto juntos e, se divergirmos, vamos compreender por que e em que pontos divergimos', então descobriremos que não estamos tão distantes, que temos poucos pontos de divergência e muitos de concordância. E concluiremos que, com paciência, sinceridade e desejo de nos unir, nós nos uniremos."

Ninguém reconheceu tanto a veracidade da declaração de Woodrow Wilson quanto John D. Rockefeller Jr. Em 1915, Rockefeller era o homem mais desprezado do Colorado. Uma das mais sangrentas greves da história da indústria americana vinha abalando o estado havia dois terríveis anos. Mineiros agressivos, furiosos, exigiam remunerações mais altas da Colorado Fuel and Iron Company, controlada por Rockefeller. Houve vandalismo, e a polícia foi chamada. Sangue foi derramado. Grevistas foram mortos a tiros.

Num momento como esse, com a atmosfera carregada de ódio, Rockefeller queria convencer os grevistas de seus pontos de vista. E conseguiu. Como?

Depois de passar semanas fazendo amigos, Rockefeller se dirigiu aos representantes dos grevistas. O discurso, em sua integridade, é uma obra-prima. Produziu resultados impressionantes. Acalmou as ondas de ódio que ameaçavam engoli-lo. Fez com que ele conquistasse uma multidão de admiradores. Apresentou os fatos de forma tão amistosa que os grevistas voltaram ao trabalho sem dizer mais uma palavra sobre o aumento pelo qual haviam lutado com tanta violência.

Reproduzo a seguir a abertura desse notável discurso. Reparem como ele reluz com um espírito amistoso. Lembre-se de que Rockefeller estava falando para homens que, dias antes, queriam enforcá-lo nos galhos de uma macieira. No entanto, ele foi tão delicado e simpático que parecia estar se dirigindo a um grupo de médicos missionários. O discurso é radiante, com trechos como "estou *orgulhoso* por estar aqui", "após *visitar seus lares* e conhecer a esposa e os filhos de vocês, nos encontramos aqui não como desconhecidos, mas como *amigos*, e é no espírito dessa *amizade recíproca* que estou feliz por ter esta oportunidade de tratar de nossos interesses em comum".

> *Hoje é um dia memorável da minha vida. É a primeira vez que tive a felicidade de me encontrar com os representantes dos funcionários desta grande companhia, seus encarregados e superintendentes, todos juntos, e posso garantir que estou orgulhoso por estar aqui e que me lembrarei desta reunião enquanto viver. Caso este encontro tivesse sido realizado duas semanas atrás, eu estaria aqui na condição de desconhecido da maioria, sendo capaz de reconhecer poucos rostos. Na semana passada, tive a oportunidade de visitar todos os acampamentos de jazidas de carvão na área sul e de conversar individualmente com todos os representantes, à exceção daqueles que estavam fora. Após visitar seus lares e conhecer a esposa e os filhos de vocês, nos encontramos aqui não como desconhecidos, mas como amigos, e é no espírito dessa amizade recíproca que estou feliz por ter esta oportunidade de tratar de nossos interesses em comum.*
>
> *Como esta é uma reunião de gestores e representantes dos empregados, é somente graças à cortesia de vocês que me encontro aqui, pois não tenho a sorte de fazer parte de nenhum dos grupos. No entanto,*

sinto que tenho uma relação íntima com os senhores, pois, de certo modo, represento tanto os acionistas quanto os diretores.

Não é um exemplo soberbo da bela arte de transformar inimigos em amigos?

Imagine o que aconteceria se Rockefeller tivesse usado outra estratégia. Imagine se ele tivesse discutido com os mineiros e dito umas boas verdades a eles. Imagine se ele tivesse usado o tom de voz e insinuações para dizer que os mineiros estavam errados. Imagine se ele tivesse usado a lógica para demonstrar que estavam errados. O que teria acontecido? Rockefeller teria provocado mais cólera, mais ódio, mais revolta.

Se o coração de um homem está tomado pela discórdia e pela má vontade em relação a você, não é possível convencê-lo de suas ideias, mesmo que use toda a lógica possível. Pais briguentos, patrões e maridos autoritários e esposas rabugentas devem perceber que as pessoas não desejam mudar de ideia. Não podem ser obrigadas a concordar comigo ou com você. Mas, se formos delicados e amistosos, é possível conduzi--las a isso.

Lincoln disse isso há mais de 100 anos. Aqui estão suas palavras:

Existe um velho ditado, muito verdadeiro, que diz que "uma gota de mel captura mais moscas que um galão de fel". O mesmo ocorre com os homens. Se você quiser conquistar alguém para uma causa, primeiro deve convencer a pessoa de que é seu amigo sincero. Essa é a gota de mel que captura o coração dela. A gota que, não importa o que se diga, é o caminho mais rápido para se chegar à razão.

Executivos do mundo dos negócios aprenderam que a melhor estratégia é ser amigável com os grevistas. Por exemplo, quando 2.500 empregados da fábrica White Motor Company fizeram greve por aumentos salariais e pela instalação de um sindicato, Robert F. Black, então na presidência da companhia, não perdeu a cabeça, não condenou, não ameaçou, muito menos começou a chamá-los de tiranos e comunistas. Pelo contrário: elogiou os grevistas. Publicou um anúncio nos jornais de Cleveland cumprimentando-os pela "forma pacífica como abandonaram suas ferramentas". Ao descobrir que os piqueteiros andavam ociosos, comprou 20 bolas de beisebol e luvas, e os convidou para jogar nos terrenos baldios. Para quem preferia boliche, ele alugou uma pista.

O espírito amigável do Sr. Black agiu da forma esperada: gerou amizade. Assim, os grevistas pegaram vassouras, pás e carrinhos de mão e começaram a catar fósforos, papéis, guimbas de cigarro e de charuto por toda a fábrica. Imagine grevistas limpando as instalações da fábrica enquanto batalhavam por melhores salários e pelo reconhecimento do sindicato. Um acontecimento como esse era inédito na longa e turbulenta história das disputas trabalhistas nos Estados Unidos. A greve terminou com um acordo em uma semana e não deixou qualquer sentimento de mal-estar ou rancor.

Daniel Webster foi um dos mais bem-sucedidos advogados da história dos Estados Unidos. No entanto, acompanhava seus argumentos mais poderosos com comentários amigáveis do tipo: "Caberá ao júri examinar a questão", "Talvez valha a pena levar em consideração", "Eis alguns fatos que os senhores certamente não esquecerão" ou "Os senhores, com o conhecimento da natureza humana, verão facilmente a relevância desses fatos". Não era um trator. Não era adepto da pressão. Não tentava forçar ninguém a aceitar suas opiniões. Webster empregava uma abordagem tranquila, amistosa e branda, e isso contribuiu para que se tornasse famoso.

É bem provável que você nunca seja chamado para resolver uma greve ou fazer um pronunciamento diante de um júri, mas talvez queira baixar o valor do seu aluguel. Como a abordagem amistosa poderia ajudá-lo? Vejamos.

O engenheiro O. L. Straub queria reduzir o aluguel e sabia que o proprietário do imóvel era um sujeito turrão. Ele contou sua história durante uma apresentação para a turma:

"Escrevi para ele notificando-o que deixaria o apartamento assim que o contrato expirasse. A verdade era que eu não queria me mudar. Queria ficar se pudesse baixar o preço do aluguel. Mas a situação estava muito difícil. Outros inquilinos tentaram... e fracassaram. Todos me diziam que o proprietário era um indivíduo de trato extremamente difícil. Mas eu disse a mim mesmo: 'Estou fazendo um curso sobre como lidar com as pessoas, então vou experimentar com ele... e ver se funciona.'"

Ele fez uma pausa.

"Acompanhado do secretário, ele foi me visitar assim que leu a carta. Eu o recebi à porta com um cumprimento amigável, quase explodindo de tanta boa vontade e entusiasmo. Não comecei dizendo que o aluguel estava caro. Antes de tudo falei que adorava o imóvel. Fui 'caloroso ao demonstrar reconhecimento e pródigo nos elogios'. Dei os parabéns pelo modo como administrava o prédio e disse que adoraria permanecer ali por mais um ano, mas que não tinha condições financeiras. Ficou claro que ele nunca havia sido recebido daquele jeito por um inquilino. Ele mal sabia como agir."

Straub parou novamente, relembrando os fatos.

"Em seguida", continuou, "o proprietário começou a me contar seus problemas. Inquilinos reclamões. Um deles tinha escrito 14 cartas, algumas delas cheias de insultos. Outro ameaçou romper o contrato se o senhorio não impedisse o vizinho de cima de roncar. 'Fico aliviado em encontrar um inquilino satisfeito como o senhor', disse ele. E então, sem que eu sugerisse, se ofereceu para baixar um pouco o meu aluguel. Eu queria um desconto maior, por isso disse um valor que poderia pagar. Ele aceitou sem discutir. Quando estava indo embora, de repente ele virou para mim e perguntou: 'Como posso ajudá-lo a decorar o apartamento?'"

Straub parecia satisfeito com seu relato e concluiu: "Se eu tivesse tentado reduzir o aluguel usando os métodos dos demais inquilinos, tenho certeza de que também teria fracassado. Foi minha abordagem amigável, simpática e de reconhecimento que o conquistou."

Dean Woodcock, de Pittsburgh, Pensilvânia, é superintendente de um departamento da distribuidora de eletricidade local. Sua equipe é chamada para consertar equipamentos instalados no alto dos postes. Esse tipo de trabalho costumava ser realizado por um departamento diferente e tinha sido transferido para a seção de Woodcock pouco tempo antes. Embora sua equipe tivesse sido treinada para realizar as tarefas, era a primeira vez que tinha sido convocada para executá-las. Todos na organização queriam ver se a equipe conseguiria lidar com a nova função e de que forma atingiria o objetivo. Assim, o Sr. Woodcock, vários de seus subgerentes e membros dos outros departamentos foram ver a operação. Muitos carros e caminhões estavam no local, e havia um monte de gente por perto, observando os dois homens no alto do poste.

Ao olhar em volta, Woodcock percebeu que um homem foi até um carro, pegou uma câmera e começou a fotografar a cena. Quem trabalha em serviços de infraestrutura costuma saber da importância das relações públicas e, de repente, Woodcock percebeu que, para o homem da câmera, aquela cena toda parecia um exagero, com dezenas de pessoas convocadas para fazer um trabalho executado por dois homens. Assim, caminhou em direção ao fotógrafo e disse:

– Vejo que está interessado na nossa operação.

– Estou, sim, e minha mãe vai ficar mais interessada ainda. Ela tem ações da sua empresa. Isso vai abrir os olhos dela. Talvez perceba que o investimento não foi uma boa ideia. Há anos venho dizendo que há muito desperdício em empresas como a sua. Aqui está a prova. E talvez os jornais também gostem dessas fotos.

– Parece mesmo um desperdício, não é? Eu pensaria o mesmo. Mas acontece que esta é uma situação singular...

Dean Woodcock explicou que aquele era o primeiro trabalho do tipo para seu departamento e que todos, desde os executivos até os escalões inferiores, estavam interessados. Garantiu a ele que, em circunstâncias normais, bastariam dois homens para executar o trabalho. O fotógrafo guardou a câmera, apertou a mão de Woodcock e agradeceu a ele por ter se dado ao trabalho de explicar a situação.

A abordagem amistosa de Dean Woodcock poupou a empresa de constrangimentos e da publicidade negativa.

Outro integrante de nossas turmas, Gerald H. Winn, de Littleton, New Hampshire, relatou como usou uma abordagem amigável e obteve um acordo muito satisfatório para um pedido de compensação por perdas e danos.

"No início da primavera, antes de o solo descongelar, houve uma tempestade forte, e a água, que normalmente escorreria para as valas e bueiros, entrou no meu terreno, onde eu havia acabado de construir minha casa. Como a água não tinha para onde escoar, se acumulou na fundação da casa. Ela penetrou sob o piso de concreto do porão, fazendo com que ele explodisse e inundando o cômodo inteiro. A fornalha e o aquecedor de água ficaram arruinados. O custo dos reparos ultrapassava 2 mil dólares, e eu não tinha seguro para esse tipo de problema."

Ele fez uma pausa.

"Pouco tempo depois", continuou, "descobri que o antigo dono do terreno *não* havia instalado um sistema de escoamento de água de chuva – algo que disse que havia feito –, o que teria evitado o problema. Marquei uma reunião com ele. Enquanto percorria quase 40 quilômetros até seu escritório, recapitulei a situação com cuidado e, lembrando-me dos princípios que aprendi neste curso, concluí que demonstrar raiva não ajudaria em nada. Quando cheguei, permaneci calmo e comecei a conversa perguntando sobre suas férias no Caribe. Quando senti que era o momento, mencionei o 'probleminha' da inundação. Ele logo concordou em fazer sua parte para ajudar a corrigir a situação."

Winn contou que, dias depois, ele telefonou e disse que pagaria pelos prejuízos e que também instalaria um sistema de escoamento de água para evitar que o problema voltasse a acontecer. "Embora o problema realmente tivesse sido causado por ele, se eu não tivesse começado a conversa de um jeito amistoso, seria muito difícil convencê-lo a pagar todos os prejuízos."

Muitos anos atrás, quando eu ainda era um garoto que caminhava descalço pelo bosque para ir a uma escola rural no noroeste de Missouri, li uma fábula sobre o sol e o vento. Os dois discutiam para saber quem era o mais forte. Em certo momento, o vento disse: "Vou provar que sou eu. Está vendo aquele velho de casaco? Aposto que consigo tirar o casaco dele mais depressa do que você."

O sol se escondeu atrás de uma nuvem e o vento soprou até quase se transformar num tornado; porém quanto mais forte o vento soprava, mais o homem se agarrava ao agasalho.

Por fim, o vento desistiu. Em seguida, o sol saiu de trás das nuvens e abriu um sorriso gentil para o velho, que logo em seguida começou a secar a testa e, por fim, tirou o casaco. No fim, o sol disse ao vento que a gentileza e a amizade eram sempre mais fortes do que a fúria e a força.

A eficiência da gentileza e da amizade fica clara dia após dia, conforme as pessoas descobrem que uma gota de mel captura mais moscas do que um galão de fel. F. Gale Connor, de Lutherville, Maryland, provou o mesmo ponto quando precisou levar seu automóvel com apenas quatro meses de uso para a oficina da concessionária pela terceira vez. Ele contou à nossa turma:

"Ficou claro que não adiantaria conversar, argumentar ou gritar com o mecânico-chefe para resolver meus problemas. Assim, eu me dirigi ao showroom e pedi para falar com o dono da agência, o Sr. White. Depois de uma curta espera, fui conduzido ao escritório dele. Eu me apresentei e expliquei que havia comprado o carro naquela concessionária por recomendações de amigos que haviam feito negócio com ele anteriormente. Disse que os preços eram muito competitivos e que o serviço era excelente. Ele sorriu com satisfação enquanto me ouvia. Por fim, expliquei meu problema com a oficina. 'Achei que o senhor gostaria de saber de qualquer situação capaz de manchar sua reputação', acrescentei. Ele me agradeceu por ter chamado sua atenção e garantiu que meu problema seria resolvido."

Connor concluiu então que o dono da agência não só se envolveu pessoalmente no conserto: "Ele me emprestou seu próprio carro enquanto o meu estivesse na oficina."

Esopo foi um escravo grego que viveu na corte de Creso e criou fábulas imortais 600 anos antes de Cristo. Embora sejam tão antigas, as verdades que ele ensinou sobre a natureza humana servem tão bem para qualquer cidade hoje em dia quanto serviam para Atenas 26 séculos atrás. O sol faz uma pessoa tirar o casaco mais rápido do que o vento da mesma forma que a gentileza, uma abordagem amigável e a valorização fazem as pessoas mudarem de ideia mais rápido do que todas as turbulências e tempestades do mundo.

Lembre-se das palavras de Lincoln: "Uma gota de mel captura mais moscas do que um galão de fel."

Comece sendo amigável.

15

O segredo de Sócrates

Quando for conversar com as pessoas, não comece falando sobre as divergências entre vocês. Comece enfatizando – e continue a enfatizar – seus pontos em comum. Se possível, enfatize que todos estão se esforçando para alcançar o mesmo objetivo e que a única diferença é o método, não o propósito.

Faça com que o outro diga "sim" no princípio. Se possível, evite que ele diga "não".

Segundo o professor Overstreet em *Influencing Human Behavior* (Influenciando o comportamento humano), uma resposta negativa é a mais difícil barreira a se transpor. Quando você diz "não", todo o orgulho da sua personalidade exige que você mantenha a consistência. Depois, talvez você perceba que o "não" foi uma resposta infeliz, mas esse é o preço a se pagar para manter o orgulho. Quando se diz "não", é preciso se manter firme. Por isso, é fundamental iniciar a conversa numa direção afirmativa.

Um negociador habilidoso consegue uma série de respostas afirmativas no início, desencadeando no outro o processo psicológico de seguir na direção afirmativa. É como dar uma tacada numa bola de bilhar em movimento: vai precisar de alguma força para desviá-la de leve, mas essa força terá que ser muito maior para mandá-la na direção oposta.

Nesses casos, os padrões psicológicos estão bastante claros. Quando alguém diz "não", está fazendo bem mais do que pronunciar uma palavra de três letras. Todo o organismo – os sistemas endócrino, nervoso, muscular – se une para rejeitar o que é proposto. A pessoa se retrai, e às vezes essa reação é visível. Em suma, o sistema neuromuscular se põe em guarda contra a aceitação. Quando ocorre o contrário e a pessoa diz "sim", não ocorre retração. O organismo adota uma postura aberta, de aceitação, de seguir em frente. É por isso que quanto mais respostas positivas você conseguir induzir no início da conversa, mais provável será seu sucesso em prender a atenção do interlocutor para sua proposta principal.

A técnica para obter essa reação é bem simples, mas muito negligenciada. Parece até que as pessoas se sentem importantes ao divergir das outras logo no começo da conversa. Se você fizer um aluno, um cliente, um filho, ou um cônjuge dizer "não" no início da conversa, precisará ter muita sabedoria e contar com a paciência dos anjos para transformar a negativa em afirmativa.

O uso dessa técnica ajudou James Eberson, caixa do Greenwich Savings Bank, de Nova York, a conquistar um novo cliente que poderia ter procurado a concorrência. Ele contou a história para uma de nossas turmas:

"Um homem entrou na agência e pediu para abrir uma conta. Entreguei a ele o formulário-padrão para preencher. Algumas das perguntas ele respondeu sem problema, mas outras simplesmente se recusou a responder. Antes de começar a estudar relacionamento humano, eu teria informado ao correntista que, caso se recusasse a dar as informações ao banco, teríamos que recusar a abertura da conta."

Ele parecia um pouco constrangido ao contar a história.

"Sinto vergonha de dizer que adorava dar ultimatos desse tipo. Eu queria mostrar quem mandava, que ninguém podia menosprezar o regimento do banco. Mas essa postura não faria aquele homem que tinha acabado de entrar na agência para se tornar nosso cliente se sentir acolhido e importante. Naquela manhã, resolvi usar de bom senso e não falei sobre o que o banco queria, e sim sobre o que o cliente queria. Eu estava determinado a fazer com que ele dissesse 'sim' desde o começo. Por isso, concordei com ele. Disse que as informações que ele estava se recusando a dar não eram fundamentais. Então tivemos o seguinte diálogo: 'Mas imagine que um dia o senhor morra e seu dinheiro esteja neste banco. Não gostaria que o montante fosse transferido para seus herdeiros, as pessoas que têm esse direito de acordo com a lei?' Ele respondeu que sim, então sugeri: 'Não acha que seria uma boa ideia nos dar o nome de seus herdeiros para que, no caso de sua morte, possamos cumprir sua vontade rapidamente e sem chance de erro?' Ele prontamente concordou."

Eberson sorriu e continuou:

"O rapaz ficou mais tranquilo e mudou de postura quando percebeu que não estávamos pedindo as informações para o nosso interesse, e sim para o bem dele. Quando saiu do banco, não só tinha me fornecido todas as informações, como também havia aberto, por sugestão minha, uma conta fiduciária colocando a mãe como beneficiária e respondera de bom grado a todas as perguntas sobre ela. Percebi que, ao fazê-lo dizer 'sim' desde o primeiro momento, ele esqueceu o que estava em jogo e ficou feliz por fazer tudo o que sugeri."

Joseph Allison, representante de vendas da Westinghouse Electric Company, contou a seguinte história:

"Na minha área de cobertura havia um homem que a empresa estava ansiosa para ter como cliente. Meu antecessor o visitara durante dez anos, mas não tinha conseguido fechar nenhum negócio. Quando fui designado para aquela área, fiz visitas a ele durante três anos, mas também não consegui nenhum pedido. Por fim, depois de 13 anos de conversas de vendedor, telefonemas e visitas, conseguimos vender alguns motores para ele. Se funcionassem bem, ele faria um segundo pedido, dessa vez de algumas centenas de peças. Pelo menos essa era a minha expectativa."

Allison estava tenso.

"Eu sabia que os motores eram ótimos", continuou, "por isso fiz uma visita à empresa dele três semanas depois da primeira venda. Estava animado. Mas o engenheiro-chefe me cumprimentou e me deu uma notícia estarrecedora: 'Allison, não posso comprar os motores de vocês.' Perguntei por quê e ele respondeu que era porque esquentavam demais. 'Não consigo pôr as mãos neles', argumentou. Eu sabia que não adiantaria discutir. Tinha tentado essa tática por muito tempo. Então tentei obter um 'sim', dizendo: 'Pois bem, Sr. Smith, concordo cem por cento com o senhor. Se os motores estão esquentando demais, o senhor não deve comprar mais nenhum. Deve haver motores que não esquentam mais dos que os padrões estabelecidos pela Associação Nacional de Produtos Elétricos, não é?' Ele concordou. Eu havia recebido meu primeiro 'sim'."

"Expliquei ainda que as regras da Associação diziam que um motor projetado adequadamente podia ter uma temperatura até 32 graus superior à temperatura ambiente. Ele concordou, e continuei o raciocínio: 'Mas seus motores esquentam bem mais que isso.' Em vez de discutir com ele, apenas perguntei: 'Qual é a temperatura na casa de máquinas?' Ele disse que era algo em torno de 34 graus. 'Muito bem, se a casa de máquinas tem uma temperatura de 34 graus e você acrescenta 32 graus, o total dá 66 graus. O senhor não queimaria a mão se abrisse uma torneira e a água jorrasse a 66 graus?', indaguei. 'Sim', respondeu ele novamente. 'Pois bem, será que não é melhor deixar as mãos longe dos motores?' 'Sim, acho que tem razão.'"

Allison sorriu ao relembrar o desfecho da história.

"Continuamos a conversa por algum tempo. Por fim, ele chamou o secretário e fez uma lista de encomendas no valor de 35 mil dólares para o mês seguinte. Levei anos e perdi milhares de dólares em negócios antes de finalmente aprender que não vale a pena entrar em discussões e que é bem mais proveitoso e mais interessante olhar as coisas do ponto de vista do outro e tentar fazer com que a pessoa diga 'sim'."

Eddie Snow, patrocinador de nossos cursos em Oakland, Califórnia, conta como se tornou um bom cliente de uma loja só porque o proprietário fez com que ele dissesse "sim". Eddie tinha se interessado pela caça com arco e flecha e havia gastado uma soma considerável em equipamentos e materiais de uma loja local. Quando seu irmão foi visitá-lo, Eddie quis alugar um arco na mesma loja. O vendedor lhe disse que a loja não alugava, por isso Eddie telefonou para outro estabelecimento especializado. Ele descreveu o que aconteceu a seguir:

"Um homem muito simpático atendeu o telefone. Perguntei se ele alugava o equipamento, e a resposta dele foi oposta à que recebi da primeira loja. Ele me disse que lamentava, mas que haviam interrompido o aluguel de arcos por não terem mais condições de arcar com as despesas. Mas, em seguida, ele me perguntou se eu já havia alugado o equipamento com eles no passado. Respondi que sim, havia muitos anos. Ele me fez lembrar que eu havia pagado uns 25 ou 30 dólares de aluguel. E eu disse 'sim' de novo.

Depois ele me perguntou se eu gostava de poupar dinheiro. Obviamente, respondi 'sim'."

Eddie se empolgava cada vez mais ao contar.

"Ao ouvir isso, ele me explicou que sua loja vendia conjuntos de arco com todo o equipamento necessário por 34,95 dólares. Ou seja, eu poderia comprar um conjunto completo por apenas mais 4,95 dólares do que se alugasse. Por fim, ele me explicou que por isso havia parado de alugar o equipamento e me perguntou se me parecia uma decisão razoável. Minha resposta 'sim' me levou a adquirir o conjunto. Quando fui pegar minha compra, adquiri vários outros itens na loja, e desde então me tornei um cliente fiel."

Sócrates, "o Tavão de Atenas", foi um dos maiores filósofos que o mundo conheceu. Realizou um feito que poucas pessoas em toda a história foram capazes de alcançar: mudou radicalmente o curso do pensamento humano. E hoje, 25 séculos depois de sua morte, ele é respeitado e considerado uma das pessoas mais persuasivas e influentes neste mundo tão competitivo.

Ele dizia às pessoas que elas estavam erradas? Não, Sócrates não fazia isso. Era astuto demais para cometer um erro como esse. Toda a sua técnica, hoje chamada de "método socrático", se baseava em obter um "sim" como resposta. Ele fazia perguntas com as quais o oponente teria que concordar. Obtinha um "sim" após outro, até alcançar um número suficiente de respostas positivas. Fazia perguntas incessantemente, até que, por fim, quase sem perceber, seus oponentes se pegavam chegando a uma conclusão que teriam rejeitado minutos antes.

A próxima vez que nos sentirmos tentados a dizer que alguém está errado, vamos nos lembrar do velho Sócrates e fazer uma pergunta delicada, uma pergunta que terá uma resposta "sim".

Sobre isso, os chineses têm um provérbio carregado da antiga sabedoria oriental: "Aquele que anda com cuidado vai longe."

Faça com que o outro diga "sim" imediatamente.

16

Como conseguir cooperação

É NORMAL ACREDITAR MUITO MAIS NAS IDEIAS que desenvolvemos do que nas que os outros nos entregam prontas, não é? Assim, não seria melhor evitar enfiar nossas opiniões goela abaixo das outras pessoas? Será que não é mais eficaz fazer sugestões e deixar que o outro chegue à conclusão por si mesmo?

Adolph Seltz, da Filadélfia, gerente de uma revendedora de automóveis e aluno de um dos meus cursos, de repente se viu diante da necessidade de injetar entusiasmo num grupo desmotivado e desorganizado de vendedores de automóveis. Por isso, convocou uma reunião de vendas e insistiu para que a equipe dissesse exatamente o que esperava dele. Enquanto as pessoas falavam, ele escrevia as ideias num quadro-negro. Em seguida, tomou a palavra: "Darei a vocês tudo o que esperam de mim. Mas agora quero que me digam o que tenho o direito de esperar de vocês."

As respostas surgiram depressa: lealdade, honestidade, iniciativa, otimismo, trabalho em equipe, entusiasmo durante as oito horas de trabalho. A reunião terminou com uma sensação de coragem e inspiração renovadas – um vendedor se ofereceu para trabalhar 14 horas por dia –, e o Sr. Seltz relatou que o crescimento das vendas foi fenomenal.

"Os vendedores fizeram uma espécie de acordo moral comigo", disse o Sr. Seltz. "E, desde que eu cumprisse minha parte, eles fariam de tudo para cumprir a deles. Perguntar-lhes sobre seus desejos e necessidades foi a injeção de ânimo que eles precisavam receber."

Ninguém quer ter a sensação de que está sendo convencido ou recebendo uma ordem para fazer algo. Preferimos sentir que estamos nos convencendo por conta própria ou agindo de acordo com nossa cabeça. Gostamos de ser consultados sobre nossos desejos, nossas necessidades, nossos pensamentos.

Vejamos o caso de Eugene Wesson, que perdeu milhares de dólares em comissões antes de aprender essa lição. O Sr. Wesson vendia esboços de um estúdio que criava designs para estilistas e fabricantes de tecidos. Vinha fazendo visitas semanais a um dos principais estilistas de Nova York, sem falhar, havia três anos.

"Ele jamais se recusou a me atender, mas nunca fez uma compra", disse o Sr. Wesson. "Sempre olhava para os desenhos com muito cuidado e então dizia: 'Não, Wesson, ainda não é dessa vez que vamos trabalhar juntos.'"

Depois de 150 fracassos, Wesson percebeu que estava numa espécie de rotina mental, por isso resolveu devotar uma noite por semana a estudar como influenciar o comportamento humano, para desenvolver novas ideias e gerar entusiasmo. Ele decidiu pôr em prática essa nova abordagem. Levou meia dúzia de desenhos inacabados debaixo do braço para a sala do comprador e disse:

– Quero lhe pedir um pequeno favor, se possível. Aqui estão alguns desenhos inacabados. Pode me dizer como devemos terminá-los de modo que o senhor possa usá-los?

O comprador olhou os esboços por um tempo sem pronunciar uma palavra. Por fim, disse:

– Deixe os desenhos comigo e me procure daqui a alguns dias.

Wesson voltou três dias depois, recebeu as sugestões, devolveu os desenhos ao estúdio e fez com que fossem finalizados de acordo com as ideias do comprador. O resultado? Todos foram aceitos. Depois disso, o comprador encomendou dezenas de outros desenhos a Wesson, todos criados de acordo com suas ideias.

"Descobri por que passei anos fracassando nas tentativas de vender para ele", disse o Sr. Wesson. "Eu insistia em tentar fazê-lo comprar o que achava que ele deveria ter. Até que mudei minha abordagem. Insisti que ele me desse suas ideias. Isso o fez se sentir responsável pela criação. E ele era mesmo. Não precisei vender. Ele comprou."

Deixar que o outro ache que a ideia é dele funciona não apenas nos negócios e na política. Também dá certo na vida familiar. Paul M. Davis, de Tulsa, Oklahoma, contou para a turma como aplicou o princípio em casa:

"Minha família e eu desfrutamos uma das viagens mais interessantes que já fizemos. Passei muito tempo sonhando em visitar lugares históricos dos Estados Unidos, como o campo de batalha da Guerra Civil, em Gettysburg, o Salão da Independência, na Filadélfia, e a capital do país. O Valley Forge, em Jamestown, e o vilarejo colonial restaurado de Williamsburg também estavam no topo da lista do que eu queria ver."

Ele fez uma pausa, relembrando.

"Em março, minha esposa, Nancy, disse ter pensado em passarmos nossas férias passeando pelos estados do Oeste, visitando pontos turísticos do Novo México, Arizona, Califórnia e Nevada. Ela queria fazer essa viagem havia anos, mas era óbvio que não poderíamos fazer as duas viagens. Só que nossa filha, Anne, tinha acabado de completar um curso sobre História Americana no ensino médio e andava muito interessada nos acontecimentos que moldaram o crescimento do país. Perguntei se ela gostaria de passar as férias visitando os lugares sobre os quais ouvira falar na sala de aula. Ela disse que adoraria."

Davis concluiu:

"Dois dias depois, à mesa de jantar, Nancy anunciou que, se todos concordassem, nossas férias de verão seriam nos estados do Leste, pois seria uma grande viagem para Anne e empolgante para nós três. Todos concordamos."

A mesma psicologia foi empregada por um fabricante de aparelhos de raios X para vender seu equipamento a um dos maiores hospitais do Brooklyn, que estava construindo um anexo para ser ocupado pelo melhor departamento de radiologia dos Estados Unidos. O Dr. L, chefe do departamento, andava sobrecarregado pelas visitas dos representantes de vendas, cada um valorizando o equipamento da respectiva empresa.

Um dos fabricantes, porém, foi mais habilidoso. Sabia muito mais que os outros sobre como lidar com a natureza humana. Escreveu uma carta mais ou menos assim:

Recentemente, nossa fábrica concluiu uma nova linha de aparelhos de raios X. O primeiro lote dessas máquinas acabou de chegar à nossa sede. Não são perfeitas. Sabemos disso e desejamos aprimorá-las. Por isso, ficaríamos profundamente gratos caso o senhor encontrasse um tempo para examiná-las e dividir conosco suas ideias para que sejam mais adequadas às suas necessidades profissionais. Sabemos como o senhor anda ocupado, por isso ficaria feliz em mandar um motorista no meu carro para encontrá-lo no horário de sua preferência.

"Fiquei surpreso por receber aquela carta", disse o Dr. L ao relatar o caso diante da turma. "Fiquei, ao mesmo tempo, surpreso e lisonjeado. Até então, nenhum fabricante de aparelhos de raios X procurara saber minha opinião. Aquilo me fez sentir-me importante. Eu estava ocupado todas as noites daquela semana, mas cancelei um jantar para avaliar o equipamento. Quanto mais estudava o aparelho, mais descobria como gostava dele."

O médico concluiu:

"Eles não tentaram me vender nada. Senti que a ideia de comprar o equipamento para o hospital era minha. Eu me convenci de que o aparelho tinha uma qualidade superior e ordenei que fosse instalado no hospital."

Em seu ensaio "Autoconfiança", Ralph Waldo Emerson escreveu: "Em todas as obras geniais reconhecemos nossos próprios pensamentos rejeitados. Eles retornam a nós com certa grandeza alienada."

Na época em que Woodrow Wilson ocupava a Casa Branca, o coronel Edward M. House tinha uma enorme influência em assuntos nacionais e internacionais. Quando precisava tirar dúvidas e pedir conselhos sigilosos, Wilson confiava bem mais em House do que nos integrantes de sua própria equipe de governo.

Que método o coronel usava para influenciar o presidente? Por sorte, nós sabemos, pois o próprio House o revelou para Arthur D. Howden Smith, que citou House num artigo publicado na *The Saturday Evening Post*.

"Depois que passei a conhecer bem o presidente, percebi que a melhor forma de influenciá-lo era plantar a ideia em sua mente de uma forma casual, mas que despertasse seu interesse, para que começasse a pensar no assunto por conta própria. Da primeira vez que funcionou, foi uma surpresa. Eu vinha visitando a Casa Branca e insistia numa linha de ação que ele parecia reprovar. Dias depois, porém, na mesa de jantar, fiquei espantado ao ouvi-lo apresentar minha sugestão como sendo dele."

Por acaso House o interrompeu e disse que a ideia era dele? Claro que não. House era astuto demais para agir assim. Não se importava em receber o crédito. Queria resultados. Assim, deixou Wilson continuar achando que era o dono da ideia. E House foi além: deu publicamente a Wilson todo o crédito pelas ideias.

Devemos lembrar que todas as pessoas com quem temos contato são tão humanas quanto Woodrow Wilson. Portanto, vamos usar a técnica do coronel House.

Um homem da bela província canadense de New Brunswick usou essa técnica em mim e me conquistou como cliente. Na época, eu planejava pescar e praticar canoagem na região, por isso escrevi uma carta à agência governamental de turismo pedindo informações. Evidentemente, meu nome e meu endereço foram colocados numa lista pública, pois passei a receber toneladas de cartas e folhetos de acampamentos e guias. Fiquei confuso. Não sabia qual escolher. Foi então que o dono de um acampamento tomou uma decisão arrojada: me enviou os nomes e telefones de diversas pessoas em Nova York que haviam ficado em seu acampamento e sugeriu que eu ligasse para elas e descobrisse por conta própria o que ele poderia me oferecer.

Para minha surpresa, descobri que conhecia um dos homens da lista. Liguei. Ouvi enquanto ele contava sua experiência no acampamento e por fim contatei o local avisando minha data de chegada.

Os outros vinham tentando me vender serviços, mas um deles deixou que eu fizesse a venda sozinho. Ele ganhou.

Há 25 séculos, Lao-Tsé, um sábio chinês, disse algo que podemos aplicar ainda hoje.

"A razão pela qual os rios e mares são homenageados por centenas de riachos das montanhas é que eles se mantêm num nível mais baixo. Assim, eles reinam sobre todos os riachos das montanhas. Do mesmo modo, para estar acima dos homens, o sábio se coloca abaixo deles; para estar à frente, se coloca atrás. E dessa forma, embora seu lugar seja acima dos homens, eles não sentem seu peso. Embora seu lugar seja à frente dos homens, eles não consideram isso uma ofensa."

Deixe a outra pessoa sentir que a ideia é dela.

17

Um apelo que todos adoram

Fui criado perto de Kearney, Missouri, cidade natal do fora da lei Jesse James. Certo dia, visitei a fazenda de James, onde seu filho morava. A nora de Jesse James me contou histórias de como ele roubava trens e assaltava bancos e depois entregava o dinheiro para que os fazendeiros vizinhos pudessem pagar suas hipotecas.

No fundo, Jesse James provavelmente se considerava um idealista, assim como Dutch Schultz, "Two Gun" Crowley, Al Capone e tantos outros chefões do crime organizado depois de James. O fato é que todas as pessoas que você conhece têm grande consideração por si mesmas e gostam de imaginar que são boas e generosas.

Em uma de suas análises, o banqueiro J. Pierpont Morgan comentou que as pessoas normalmente têm duas razões para fazer algo: uma razão que parece ser boa e outra que é a real. A pessoa em si pensa no motivo real. Nem é preciso enfatizar isso. Mas, como somos idealistas, todos gostamos de pensar nos motivos que parecem bons. Assim, para mudar as pessoas, apele para os motivos mais nobres.

Será que essa ideia é idealista demais para funcionar no mundo dos negócios? Vejamos o caso de Hamilton J. Farrell, da Farrell-Mitchell Company de Glenolden, Pensilvânia. O Sr. Farrell tinha um inquilino insatisfeito que ameaçava se mudar. Ainda faltavam quatro meses para o fim do contrato, mas o inquilino o notificou de que iria sair imediatamente, sem considerar o contrato em vigência. Ele contou sua história diante da turma:

"Aquelas pessoas tinham morado na minha casa durante todo o inverno, o período mais caro do ano. Eu sabia que seria difícil alugar o apartamento de novo antes do outono seguinte. Vi minha renda indo embora e fiquei transtornado."

Farrell fez uma pausa.

"Normalmente, eu teria ido tomar satisfações com o inquilino e aconselhá-lo a reler o contrato", continuou. "Teria salientado que, se ele se mudasse, o valor total do aluguel seria cobrado de imediato, e que eu poderia e faria questão de receber o dinheiro. Mas, em vez de perder a cabeça e fazer uma cena, decidi tentar uma tática diferente. Comecei assim: 'Sr. Fulano, ouvi sua história e ainda não acredito que queira se mudar. Todos esses anos no ramo dos aluguéis me ensinaram algumas coisas sobre a natureza humana e percebi de cara que o senhor era um homem de palavra. Na verdade, tenho tanta certeza disso que estou disposto a arriscar. Aqui está minha proposta. Deixe sua decisão sobre a mesa por alguns dias e pense no assunto. Se me procurar de novo até o primeiro dia do mês que vem, quando vence o aluguel, e me disser que ainda pretende se mudar, garanto que aceitarei sua decisão sem discutir. Vou lhe dar o direito de se mudar e admitir para mim mesmo que cometi um erro de julgamento. Mas ainda acredito que o senhor é um homem de palavra e vai manter o contrato. Afinal, ou nós somos homens ou somos macacos... e geralmente nós mesmos escolhemos o que somos.'"

Por fim, ele contou o desfecho do caso:

"Pois bem, no início do mês seguinte, o sujeito foi me ver e pagou o aluguel pessoalmente. Disse que ele e a esposa tinham discutido o assunto e decidiram ficar. Concluíram que era melhor manter a honra e cumprir o contrato."

Quando o finado lorde Northcliffe encontrava um jornal com uma foto dele que não queria ver publicada, escrevia uma carta ao editor. Mas será que ele dizia "Por favor, não voltem a publicar tal foto. *Eu* não gosto dela"? Não, ele apelava para uma razão nobre: o respeito e o amor que todos temos pelas mães. Escrevia: "Por favor, não voltem a publicar tal foto. Minha mãe não gosta dela."

Quando John D. Rockefeller Jr. queria impedir que fotógrafos de jornais tirassem retratos de seus filhos, ele também apelava aos motivos mais nobres. Não dizia: "Não quero que publiquem as fotos deles." Em vez disso, apelava ao nosso desejo inerente de evitar fazer qualquer mal às crianças e dizia: "Vocês entendem, rapazes. Alguns de vocês têm filhos e sabem que não é bom que crianças sejam tão expostas."

Quando Cyrus H. K. Curtis estava começando sua carreira meteórica – que o tornaria um milionário dono de publicações como *The Saturday Evening Post* e *Ladies' Home Journal* –, ele não tinha condições de pagar a seus colaboradores o mesmo que outras revistas. Não podia contratar escritores de primeira linha apenas com dinheiro. Então apelava aos motivos mais nobres. E assim persuadiu até Louisa May Alcott, no auge da fama, a escrever para ele, e conseguiu isso enviando um cheque de 100 dólares não para a própria escritora, mas para a instituição de caridade preferida dela.

A esta altura uma pessoa mais cética pode dizer: "Ah, isso funciona para Northcliffe e Rockefeller, ou para uma escritora sentimental. Mas quero ver funcionar com os sujeitos complicados a quem tenho de fazer cobranças!"

Talvez essa pessoa tenha razão. Não existe método infalível, que funcione com todas as pessoas. Se você está satisfeito com os resultados atuais, por que mudar? Mas, se não está satisfeito, por que não experimentar?

Seja como for, acho que você gostará desta história real, contada por James L. Thomas, meu ex-aluno. Seis clientes de uma montadora de automóveis se recusaram a pagar as contas pelos serviços de manutenção. Nenhum dos clientes reclamou de todos os itens, mas cada um alegava que havia uma cobrança errada. Em cada caso, o cliente havia assinado pelo trabalho que seria feito, e a companhia de Thomas sabia que tinha razão. Assim, disse isso aos clientes com todas as letras. Esse foi o primeiro erro.

A seguir estão as providências tomadas pelos funcionários do Departamento de Crédito para cobrar as contas vencidas:

1. Telefonaram para cada cliente e disseram, de forma ríspida, que precisavam pagar uma conta que estava vencida.
2. Deixaram claro que a empresa estava absolutamente certa, portanto o cliente estava absolutamente errado.

3. Declararam que a empresa sabia muito mais sobre automóveis do que o cliente. Portanto, não havia motivo para discussão.
4. Resultado: eles discutiam.

Você acredita que algum desses métodos convenceria o cliente a pagar a dívida? Essa é fácil de responder.

A essa altura, o gerente do Departamento de Crédito estava prestes a acionar o Departamento Jurídico e abrir fogo contra os consumidores, quando, por sorte, o assunto chamou a atenção do gerente geral, que resolveu investigar os clientes em atraso e descobriu que todos tinham a reputação de bons pagadores. Havia algo drasticamente errado nos métodos de cobrança da empresa. Então ele disse a James L. Thomas que recebesse aqueles valores "irrecebíveis".

O Sr. Thomas tomou as seguintes providências, em suas próprias palavras:

"1. Minha visita a cada cliente era para cobrar o valor de uma conta que estava pendente havia muito tempo e era absolutamente correta. Mas eu não disse uma palavra sequer sobre isso. Apenas expliquei que a visita era para saber o que a companhia havia feito ou deixado de fazer.
2. Deixei claro que, até ouvir a história do cliente, não tinha qualquer opinião sobre o assunto. Disse que a empresa não havia afirmado ser infalível.
3. Afirmei que tinha interesse apenas no carro deles e que eles sabiam mais sobre o próprio automóvel do que qualquer outra pessoa no planeta. *Eles* eram a maior autoridade no assunto.
4. Deixei que falassem e ouvi com todo o interesse e compreensão o que o cliente desejava e havia esperado.
5. Por fim, quando o cliente já estava mais bem-humorado, eu apresentava todos os dados do caso para que ele julgasse. Apelava a seus motivos mais nobres. Dizia: 'Em primeiro lugar, também acho que seu caso foi mal conduzido. O senhor foi contrariado, perturbado e importunado por um de nossos representantes, algo que nunca deveria acontecer. Na posição de representante da companhia, lamento profundamente e peço desculpas. Enquanto ouvia sua versão da his-

tória, não pude deixar de me impressionar com seu senso de justiça e sua paciência. Agora, sabendo que o senhor é justo e paciente, vou pedir que faça algo por mim, algo que o senhor consegue fazer melhor do que ninguém, que o senhor entende melhor do que ninguém. Aqui está sua conta: sei que posso lhe pedir que faça as devidas correções, como se o senhor fosse o próprio presidente da empresa. Vou deixar nas suas mãos. Vale o que o senhor disser.'

"Eles acertaram as contas? Certamente sim, e com boa vontade. As cobranças variavam entre 150 e 400 dólares. E será que algum cliente se aproveitou da situação? Sim, um deles se recusou a pagar um centavo daquilo que achava que era indevido, mas os outros cinco pagaram. E a melhor parte da história: Ao longo dos dois anos seguintes vendemos carros novos para os seis clientes!

"A experiência me ensinou que, quando não é possível obter nenhuma informação sobre o cliente, a única maneira segura de agir é assumir que ele está sendo sincero, honesto, verdadeiro e deseja pagar o que deve assim que se convencer de que é o correto", disse o Sr. Thomas. "Simplificando, as pessoas são honestas e desejam cumprir suas obrigações. Existem poucas exceções à regra, e estou convencido de que, na maioria dos casos, os indivíduos mais inclinados a cometer pequenas fraudes reagirão de forma positiva se você demonstrar que os considera honestos, direitos e justos."

Apele para motivos mais nobres.

PARTE QUATRO

Maneiras de mudar as pessoas sem ofender nem causar ressentimentos

S E QUISERMOS "MUDAR AS PESSOAS sem ofender nem causar ressentimentos", devemos começar respeitando-as e aceitando-as. A reação delas depende da nossa atitude.

18

Como fazer críticas e não ser odiado

Certa vez, Charles Schwab estava passando por uma de suas usinas siderúrgicas, ao meio-dia, quando viu alguns funcionários fumando. Na parede, havia uma placa que dizia: "É proibido fumar." O que acha que Schwab fez? Certamente não apontou para o aviso e disse "Não sabem ler?". Não, Schwab nunca faria isso. Ele se aproximou dos homens, entregou um charuto para cada um e disse: "Rapazes, gostaria que fossem fumar estes aqui lá fora." Os funcionários tinham consciência de que Schwab sabia que estavam infringindo uma regra e o admiraram, pois ele não disse nada a respeito e ainda lhes deu um presentinho e fez com que se sentissem importantes. Era impossível não gostar de um homem assim, não é?

John Wanamaker usou a mesma técnica. Todos os dias, costumava dar uma volta em sua grande loja na Filadélfia. Certa vez, viu uma cliente esperando atendimento num balcão. Ninguém prestava a mínima atenção nela. Os vendedores estavam amontoados do outro lado do balcão rindo e conversando entre si. Wanamaker não disse uma palavra. De fininho, passou para trás do balcão e atendeu a mulher pessoalmente. Em seguida, entregou a compra aos vendedores para ser embrulhada e continuou o passeio.

As autoridades públicas costumam ser criticadas por não serem acessíveis a seus eleitores. São pessoas ocupadas, mas às vezes a culpa é de alguns assessores superprotetores que não desejam sobrecarregar o chefe com visitantes demais. Carl Langford, por muitos anos prefeito de Orlando, Flórida, onde fica a Disney World, com frequência repreendia sua equipe para que deixassem que as pessoas o vissem. Alegava que tinha uma política de portas abertas, mas os cidadãos de sua comunidade eram barrados por secretários e administradores quando apareciam.

Por fim, o prefeito encontrou a solução. Retirou a porta da sala! Os assessores entenderam o recado, e a administração passou a ser realmente acessível a partir do dia em que, simbolicamente, se desfez da porta.

Quando você quer que as pessoas mudem sem ofender ou criar ressentimentos, a diferença entre o sucesso e o fracasso está em mudar uma simples palavrinha de três letras. Muita gente que quer fazer uma crítica começa fazendo elogios sinceros, seguidos pela palavra "mas" e terminando com a crítica em si. Por exemplo, quando tentamos fazer uma criança se interessar pelos estudos, podemos dizer: "Estamos muito orgulhosos de você, Johnnie, por conseguir melhorar as notas, *mas*, se estudasse mais matemática, os resultados teriam sido ainda melhores."

Nesse caso, Johnnie se sentiria encorajado até ouvir a palavra "mas". A partir daí, poderia questionar a sinceridade do elogio inicial. Para ele, o começo pareceria uma introdução falsa à constatação crítica do fracasso. A credibilidade do elogio seria abalada, e é provável que não conseguíssemos alcançar o objetivo maior: mudar a atitude de Johnnie em relação aos estudos.

Seria fácil evitar essa situação com a simples substituição da palavra "mas" por um "e". "Estamos muito orgulhosos de você, Johnnie, por conseguir melhorar as notas, *e*, se continuar se esforçando, na próxima prova sua nota de matemática vai ser igual à das outras matérias."

Johnnie aceitaria o elogio porque não foi seguido pela sugestão de que ele fracassou. Chamamos atenção indiretamente para o comportamento que desejamos mudar, e há chance de que ele tente atender às nossas expectativas.

Chamar atenção para os erros de alguém de forma indireta é muito eficaz com pessoas sensíveis que ficariam ressentidas ao ouvir uma crítica direta. Marge Jacob, de Woonsocket, Rhode Island, contou em uma de nossas aulas como convenceu alguns pedreiros desleixados a fazerem a limpeza enquanto reformavam sua casa. No primeiro dia de obra, quando a Sra. Jacob voltou do trabalho, reparou no quintal coberto de sobras de madeira. Não queria brigar com os homens, porque eles trabalhavam muito bem. Assim, depois que eles foram para casa, ela e os filhos limparam o quintal e arrumaram as sobras num canto. Na manhã seguinte, ela chamou o pedreiro chefe em um canto e disse: "Fiquei muito feliz pela forma como deixaram o gramado da frente na noite passada. Está limpo e bem cuidado, e não incomoda os vizinhos."

A partir de então, os pedreiros passaram a recolher as sobras e deixar num canto, e todos os dias o pedreiro chefe passou a procurá-la para perguntar se o gramado estava em boas condições após o dia de trabalho.

Uma das principais polêmicas entre os integrantes da reserva do Exército e seus instrutores é a questão dos cortes de cabelo. Os reservistas se consideram civis (o que é verdade na maior parte do tempo) e não gostam da obrigação de manter o cabelo muito curto.

O sargento-mor Harley Kaiser, da 542ª Escola de Reservistas, enfrentou esse problema ao trabalhar com um grupo de oficiais não comissionados da reserva. Como um veterano do Exército, esperava-se que ele fosse começar a berrar e ameaçar os soldados. Em vez disso, porém, escolheu transmitir o recado de forma indireta:

"Cavalheiros, os senhores são líderes. Serão mais eficientes quando liderarem pelo exemplo. Devem ser o exemplo a ser seguido por seus homens. Os senhores sabem as regras do Exército a respeito dos cortes de cabelo. Vou cortar meu cabelo hoje, embora ele esteja bem mais curto do que o de alguns dos senhores. Olhem-se no espelho e, se sentirem que precisam de um corte de cabelo para servir de bom exemplo, arranjaremos um horário para que compareçam à barbearia do quartel."

O resultado foi previsível. Muitos dos candidatos se olharam no espelho, foram ao barbeiro naquela tarde e cortaram o cabelo. Na manhã seguinte, o sargento Kaiser comentou que já estava vendo o desenvolvimento das qualidades de liderança em alguns membros do pelotão.

No dia 8 de março de 1887, o eloquente Henry Ward Beecher faleceu. No domingo seguinte, Lyman Abbott foi convidado a falar no púlpito que tinha vagado. Ansioso para fazer o melhor, ele escreveu e reescreveu um sermão com o cuidado meticuloso de um Flaubert. Depois, leu para a mulher. Era fraco – como é a maioria dos discursos. Caso tivesse menos discernimento, ela poderia ter dito: "Lyman, isso é horrível. Não vai funcionar. Os fiéis vão dormir. Parece que você está lendo uma enciclopédia. Depois de tantos anos de pregação, você já deveria perceber. Pelo amor de Deus, por que não fala como um ser humano? Por que não age com naturalidade? Se ler isso, vai passar vergonha."

Isso é o que ela *poderia* ter dito. Mas ela sabia o que teria acontecido, e nós também. Por isso, ela apenas comentou que seria um excelente artigo de revista. Em outras palavras, ela elogiou e ao mesmo tempo sugeriu com sutileza que o texto não funcionaria como discurso. Lyman Abbott captou a mensagem, rasgou o manuscrito preparado com tanto cuidado e fez seu sermão sem sequer usar anotações.

Para corrigir os erros dos outros de maneira eficiente:

Aponte os erros alheios de forma indireta.

19

Fale primeiro sobre seus próprios erros

Minha sobrinha, Josephine Carnegie, veio para Nova York trabalhar como minha secretária. Tinha 19 anos, havia terminado o ensino médio três anos antes e sua experiência profissional era praticamente zero. Hoje em dia é uma excelente secretária, mas no início... digamos que tinha muito a melhorar. Um dia, quando comecei a criticá-la, disse a mim mesmo: "Espere um minuto, Dale Carnegie. Você tem o dobro da idade da Josephine e 10 mil vezes mais experiência profissional. Como pode esperar que ela enxergue as coisas do seu ponto de vista, com seu discernimento e sua iniciativa, por mais medíocres que eles sejam? Aliás, Dale, o que você fazia aos 19 anos? Você se lembra dos erros estúpidos que cometia? Se lembra de quando fez isso e aquilo?"

Refleti sobre o assunto com honestidade e imparcialidade e concluí que o desempenho de Josephine aos 19 anos era melhor do que o meu quando jovem, e isso, lamento confessar, não é exatamente um elogio às habilidades dela.

A partir de então, quando queria chamar a atenção de Josephine para algum erro, eu começava dizendo: "Você cometeu um erro, Josephine, mas ele é bem menos grave do que muitos que eu cometi. Ninguém nasce com capacidade de discernimento. Isso só vem com a experiência, e você já é bem melhor do que eu era na sua idade. Na época fiz tantas bobagens, tantas besteiras, que não me sinto nem um pouco à vontade para criticar quem quer que seja. Mas não acha que seria melhor se tivesse feito assim e assado?"

É menos difícil escutar uma lista dos seus erros quando a pessoa que faz a crítica começa, com humildade, admitindo que também está longe da perfeição.

E. G. Dillistone, engenheiro em Brandon, Manitoba, no Canadá, vinha tendo problemas com a nova secretária. As cartas que ditava chegavam à sua mesa para serem assinadas com dois ou três erros ortográficos por página. O Sr. Dillistone relatou como lidou com a situação:

"Assim como tantos engenheiros, meu domínio do idioma ou da ortografia nunca foi um primor. Por isso, há muitos anos mantenho um caderninho preto, dividido pelas letras do alfabeto, com as palavras que tenho dificuldade para escrever. Quando ficou claro que não bastaria indicar os erros para que minha secretária se esforçasse mais na revisão e no uso do dicionário, resolvi tentar outra abordagem. Quando a carta seguinte chegou às minhas mãos com erros, eu me sentei diante dela e disse: 'Essa palavra não parece estar certa. É uma daquelas que costumam me dar problemas. É por isso que comecei a organizar este caderninho de ortografia. [Abri o caderno na página certa.] Aqui está. Tenho muito cuidado com minha ortografia, pois sei que as pessoas nos julgam pelo que escrevemos, e os erros nos fazem parecer menos profissionais.'"

Você pode imaginar qual foi o resultado daquela abordagem.

"Não sei se ela copiou meu sistema, mas, desde aquela conversa, a frequência de erros de ortografia caiu significativamente."

O refinado príncipe Bernhard von Bülow descobriu a extrema necessidade de fazer algo do tipo em 1909. Na época, ele ocupava o posto de chanceler imperial da Alemanha, e no trono encontrava-se Guilherme II – Guilherme, o altivo; Guilherme, o arrogante; Guilherme, o último *Kaiser* alemão –, organizando um Exército e uma Marinha que ele garantia serem capazes de arrasar todos os inimigos.

Foi quando uma coisa surpreendente aconteceu. O *Kaiser* disse palavras estarrecedoras que sacudiram o continente e deram início a uma série de explosões ouvidas no mundo inteiro. Foram coisas tolas, egoístas, absurdas. Para piorar infinitamente a situação, disse em público quando era um convidado na Inglaterra. Para finalizar: permitiu que as declarações fossem publicadas no *Daily Telegraph*. Ele afirmou, por exemplo, que era o único alemão que tinha simpatia pelos ingleses; que estava construindo uma Marinha contra a ameaça japonesa; que ele, sozinho, havia impedido que a Inglaterra fosse humilhada pela Rússia e pela França; que havia criado o plano de campanha que permitira que lorde Roberts, da Inglaterra, derrotasse os bôeres na África do Sul, etc.

Nos últimos cem anos, em tempos de paz, aquelas foram as palavras mais absurdas a terem saído dos lábios de um rei europeu. O continente inteiro zumbia com a fúria de um vespeiro. A Inglaterra estava furiosa; os políticos alemães, estarrecidos. E, no meio de toda a consternação, o *Kaiser* entrou em pânico e sugeriu ao príncipe Von Bülow, chanceler imperial, que a culpa era dele. Sim, ele queria que Von Bülow anunciasse que era o único responsável pelo desastre, que ele recomendara ao monarca que dissesse aqueles absurdos.

– Mas, Vossa Majestade, parece-me absolutamente impossível que qualquer pessoa, seja ela alemã ou inglesa, possa supor que sou capaz de aconselhá-lo a dizer essas coisas – protestou Von Bülow.

No momento em que as palavras saíram de sua boca, Von Bülow percebeu que havia cometido um erro gravíssimo. O *Kaiser* explodiu.

– Você me considera um idiota capaz de dizer tolices que o senhor jamais diria! – berrou.

Von Bülow sabia que deveria ter elogiado antes de condenar, mas, como era tarde demais, tomou a segunda melhor atitude possível. Elogiou depois de criticar. E funcionou de maneira milagrosa.

– Longe de mim sugerir isso – respondeu Von Bülow, respeitosamente. – Vossa Majestade me supera em muitos aspectos, não apenas no conhecimento naval e militar, mas, acima de tudo, nas ciências naturais. Tenho ouvido com admiração vossas explicações a respeito do barômetro, do telégrafo sem fio e dos raios Röentgen. Vergonhosamente, sou um ignorante no que diz respeito a todos os ramos da ciência natural, sem qualquer noção de química ou de física, incapaz de explicar o mais simples fenômeno natural – prosseguiu Von Bülow. – Em compensação, tenho algum conhecimento histórico e talvez determinadas qualidades úteis na política, em especial na diplomacia.

O *Kaiser* abriu um sorriso. Von Bülow o elogiara. Von Bülow o exaltara e diminuíra a si mesmo. O *Kaiser* podia perdoar qualquer coisa depois disso.

– Não tenho dito que nós nos complementamos? – disse o *Kaiser*, com entusiasmo. – Devemos nos manter unidos e assim o faremos!

Ele apertou a mão de Von Bülow, e não apenas uma vez, mas várias. Mais tarde, ainda no mesmo dia, estava tão entusiasmado que chegou a exclamar, de punhos cerrados:

– Se alguém disser algo contra o príncipe Von Bülow, *vai levar um soco no nariz!*

Von Bülow conseguiu se safar, mas, como habilidoso diplomata que era, cometeu um erro: deveria ter *começado* a conversa falando sobre as próprias limitações e a superioridade de Wilhelm, e não insinuando que o *Kaiser* era um tolo que precisava de um guardião.

Se Von Bülow conseguiu se safar disparando algumas frases que o rebaixavam e elogiavam o *Kaiser* – transformando um imperador arrogante e ofendido em amigo fiel –, imagine o que é possível ganhar com humildade e elogios no dia a dia. Quando bem usados, eles são capazes de operar verdadeiros milagres nas relações humanas.

Admitir os próprios erros – mesmo quando não foram corrigidos – ajuda a convencer o outro a mudar o comportamento. Esse fato foi ilustrado mais recentemente por Clarence Zerhusen, de Timonium, Maryland, ao descobrir que seu filho de 15 anos estava começando a fumar cigarros.

"Claro que eu não queria que David fumasse, mas sua mãe e eu fumávamos e dávamos mau exemplo o tempo todo", disse o Sr. Zerhusen. "Expliquei a David que comecei a fumar na idade dele, que fiquei viciado em nicotina e que agora era quase impossível parar. Lembrei-o da minha tosse irritante e que anos antes ele próprio tinha pedido que eu parasse de fumar. Não exigi que ele parasse nem fiz ameaças ou alertei para os perigos. Tudo o que fiz foi destacar como fiquei dependente dos cigarros e o que esse comportamento havia significado para mim."

A tentativa rendeu bons frutos.

"Meu filho pensou durante um tempo e resolveu que não fumaria até concluir o ensino médio. Os anos se passaram, e David nunca mais fumou nem tem intenção de começar. Como resultado daquela conversa, tomei a decisão de parar com os cigarros e, com o apoio da família, consegui."

Um bom líder obedece ao seguinte princípio:

Fale sobre os próprios erros antes de criticar o outro.

20

Ninguém gosta de receber ordens

Certa vez, tive o prazer de jantar com a Srta. Ida Tarbell, decana dos biógrafos americanos. Quando disse a ela que estava escrevendo este livro, começamos a conversar sobre o importantíssimo assunto dos relacionamentos interpessoais, e ela me revelou que, enquanto escrevia a biografia de Owen D. Young, havia entrevistado um homem que dividira o escritório com ele por três anos. O homem declarou que, durante todo esse tempo, nunca ouvira o Sr. Young dar uma ordem direta a ninguém. Sempre dava sugestões, nunca ordens. Nunca dizia, por exemplo, "Faça isso" ou "Não faça isso". Dizia "Talvez você queira considerar essa possibilidade" ou "Acha que tal coisa poderia funcionar?". Muitas vezes, depois de ditar uma carta, ele perguntava: "O que achou?" Ao examinar uma carta de um de seus assistentes, dizia: "Talvez, se disséssemos isso de outro jeito, o texto ficasse melhor". Young sempre dava às pessoas a oportunidade de fazerem tudo elas mesmas. Nunca mandava seus assistentes fazerem as coisas. Deixava-os pôr mãos à obra e aprender com os próprios erros.

Usando essa técnica, é mais fácil fazer a pessoa corrigir o que fez de errado. Ela preserva o orgulho do indivíduo e faz com que ele se sinta importante. Encoraja a cooperação em vez da rebeldia.

O ressentimento causado por uma ordem ríspida pode durar muito tempo, mesmo que ela seja dada para corrigir uma situação obviamente ruim. Dan Santarelli, professor de uma escola vocacional de Wyoming, Pensilvânia, contou, em uma de nossas aulas, a história de quando um de seus alunos estacionou em local proibido e bloqueou o acesso a uma loja da escola. Um instrutor entrou furioso na sala de aula e, em tom arrogante, perguntou: "De quem é o carro que está bloqueando a passagem?" Quando o dono do veículo respondeu, o instrutor berrou: "Tire o carro dali imediatamente, senão vou enrolar uma corrente nele e arrastá-lo!"

Vamos deixar claro que o aluno estava errado. Ele não deveria ter estacionado naquele local. Mas, daquele dia em diante, o dono do carro não foi o único ressentido com o instrutor. Todos os seus colegas de turma passaram a fazer o possível para dificultar a vida do sujeito e tornar seu trabalho mais desagradável.

De que outra forma ele poderia ter resolvido a situação? Se tivesse perguntado de quem era o carro estacionado na passagem e sugerido que o dono o tirasse dali para que outros carros pudessem entrar e sair, o estudante teria ficado feliz em resolver o problema, e nem ele nem seus colegas ficariam chateados e ressentidos.

Perguntas não só tornam uma ordem mais palatável; elas também estimulam a criatividade das pessoas consultadas, que se tornam mais propensas a acatar uma ordem se participarem da decisão que a gerou.

Quando Ian Macdonald, o gerente de uma pequena fábrica especializada em peças de máquinas de precisão de Joanesburgo, África do Sul, recebeu uma encomenda enorme, teve certeza de que não conseguiria cumprir o prazo. A fábrica já estava operando na capacidade máxima e faltava pouco tempo para o deadline do novo pedido. Parecia impossível aceitá-lo. Assim, em vez de obrigar os funcionários a acelerar o trabalho e fazer tudo correndo, Macdonald organizou uma reunião com todos, explicou a situação e disse que o pedido era muito importante para a empresa e para eles, caso conseguissem entregar tudo no prazo. Por fim, começou a fazer perguntas: "Há alguma coisa que possamos fazer para atender a esse pedido?"; "Alguém consegue pensar em formas diferentes de trabalhar para que a gente consiga aceitar esse pedido?"; "Existe algum modo de ajustarmos os horários ou os compromissos pessoais de forma a ajudar?".

Os empregados deram muitas ideias e insistiram para que Macdonald aceitasse o pedido. Assumiram uma postura de "mãos à obra", e o pedido foi aceito, produzido e entregue dentro do prazo.

Seja um líder eficiente:

Faça perguntas em vez de dar ordens diretas.

21

Não deixe ninguém constrangido

Anos atrás, a General Electric se viu diante da delicada tarefa de retirar Charles Steinmetz do comando de um departamento. Steinmetz, gênio no campo da eletricidade, era um fiasco como chefe do Departamento de Matemática. Entretanto, ninguém ousava ofender o sujeito. Ele era indispensável – e extremamente sensível. Por isso, ofereceram a ele um novo cargo: engenheiro consultor da General Electric (um novo nome para uma função que ele já fazia), e deram o comando do departamento a outra pessoa.

Steinmetz ficou feliz. Os executivos da GE também ficaram felizes. Tinham conseguido lidar com seu astro mais temperamental sem provocar uma tempestade ou constrangê-lo.

Evitar que alguém fique constrangido é fundamental, mas algo em que poucos de nós paramos para pensar. Em geral, passamos por cima dos sentimentos dos outros para conseguir o que queremos, encontrando defeitos, fazendo ameaças, criticando um filho ou um funcionário diante dos outros sem sequer considerar que estamos ferindo o orgulho de alguém. Para evitar o problema, bastariam alguns minutos de reflexão, uma ou duas palavras de consideração e uma compreensão genuína da atitude da outra pessoa.

Vamos nos lembrar disso da próxima vez que tivermos a desagradável necessidade de demitir ou repreender um funcionário. Conforme me disse Marshall A. Granger, contador:

"Demitir não é muito divertido. Ser demitido, menos ainda. Só que nosso negócio é, acima de tudo, sazonal. Portanto, precisamos dispensar muita gente depois da correria do prazo de declaração do imposto de renda. Costuma-se dizer, na nossa profissão, que ninguém gosta de empunhar o machado. Por isso, nos acostumamos a dispensar as pessoas do jeito mais rápido possível, em geral da seguinte forma: 'Sente-se. A temporada acabou, e não temos mais tarefas para o senhor. Naturalmente, o senhor compreende que foi contratado apenas para o período crítico da temporada, etc.' As pessoas ficam desapontadas, decepcionadas. A maioria tem uma carreira na contabilidade e não guarda um carinho especial pela firma que as dispensa de modo tão casual."

Granger contou que recentemente havia decidido usar um pouco mais de tato e consideração ao dispensar os temporários. Assim, chamou cada um somente depois de pensar com cuidado sobre o trabalho desenvolvido durante o período de contratação e disse algo do tipo: "O senhor fez um ótimo trabalho (se fosse o caso). Quando o enviamos a Newark, o senhor precisou enfrentar uma situação complicada. Foi difícil, mas o senhor se saiu muito bem e queremos que saiba que a firma tem orgulho do senhor. O senhor sabe o que faz e vai longe em qualquer empresa. Nós acreditamos no senhor e torcemos pelo seu sucesso, e não queremos que se esqueça disso."

Por fim, Granger explicou a diferença entre a primeira abordagem e a segunda:

"As pessoas partem se sentindo bem melhor em relação à dispensa. Não ficam decepcionadas. Sabem que, se houvesse trabalho para elas, teriam sido mantidas. E, quando precisarmos novamente, elas voltarão com um enorme carinho."

Numa das aulas do nosso curso, dois alunos falaram sobre o impacto negativo de apontar defeitos em comparação com o impacto positivo de não ferir o amor-próprio do outro. Fred Clark, de Harrisburg, Pensilvânia, contou uma história que aconteceu em sua empresa:

"Numa das reuniões de produção, um dos vice-presidentes começou a fazer perguntas muito incisivas sobre um processo de produção a um de nossos supervisores. O tom de voz era agressivo e indicava que o desempenho do supervisor estava aquém do esperado. Como não queria passar por constrangimento diante dos colegas, o supervisor respondia de forma evasiva. Esse comportamento fez o vice-presidente perder a cabeça e começar a repreender o supervisor e acusá-lo de mentir."

Clark completou:

"Qualquer relacionamento profissional que existia até essa reunião foi destruído em questão de minutos. O supervisor, que em geral era um bom funcionário, se tornou inútil para nossa empresa a partir de então. Meses depois, deixou a empresa e foi trabalhar para um concorrente, onde, pelo que sei, vem fazendo um bom trabalho."

Outra aluna, Anna Mazzone, relatou um incidente semelhante no trabalho – mas com abordagem e resultados diferentes. A Sra. Mazzone, especialista em marketing de uma empresa de embalagem de alimentos, recebeu sua primeira grande tarefa – fazer uma simulação de mercado de um novo produto.

"Quando os resultados chegaram, fiquei arrasada. Eu tinha cometido um grave erro de planejamento, e o teste inteiro precisaria ser refeito. Para piorar, não tive tempo de conversar com meu chefe antes da reunião na qual deveria apresentar os resultados. Quando fui chamada para fazer o relato, estava tremendo de medo. Fiz de tudo para não desmoronar, e resolvi que não iria chorar, evitando que todos aqueles homens fizessem comentários dizendo que mulheres são inadequadas para cargos gerenciais por serem emotivas demais. Fiz um breve relato e disse que, devido a um erro, eu repetiria o estudo antes da reunião seguinte. Em seguida me sentei já esperando meu chefe explodir."

Ela sorriu ao contar que, "em vez disso, ele me agradeceu pelo trabalho, disse que era normal errar num projeto novo e que tinha certeza de que a nova testagem traria resultados precisos e seria importante para a empresa. Em seguida, diante de todos os meus colegas, garantiu que acreditava em mim e sabia que eu tinha feito o melhor possível. Por fim, disse que eu havia falhado na tarefa por falta de experiência, e não por falta de capacidade. Saí da reunião de cabeça erguida e determinada a nunca mais decepcionar aquele meu chefe".

Mesmo quando estamos certos e o outro está indiscutivelmente errado, se o fazemos passar vergonha estamos apenas destruindo seu ego. O lendário pioneiro da aviação francesa e escritor Antoine de Saint-Exupéry escreveu: "Não tenho direito de dizer nem fazer nada que diminua um homem diante dos próprios olhos. O que importa não é o que penso dele, mas o que ele pensa de si mesmo. Ferir alguém em sua dignidade é um crime."

Um líder de verdade sempre segue estas palavras:

Preserve a dignidade do outro.

Resumindo

Regras de
Como evitar preocupações e começar a viver
1. Não imite os outros.
2. Aplique os quatro seguintes bons hábitos de trabalho:
   a. Tire da sua mesa todos os papéis, exceto aqueles relacionados ao problema que você precisa resolver agora.
   b. Faça as coisas segundo a ordem de importância.
   c. Quando surgir um problema, resolva-o na hora se tiver os recursos para isso. Não adie decisões.
   d. Aprenda a organizar, a delegar e a supervisionar.
3. Aprenda a relaxar no trabalho.
4. Ponha entusiasmo no seu trabalho.
5. Enumere suas bênçãos, não seus problemas.
6. Lembre-se de que críticas injustas muitas vezes são elogios disfarçados.
7. Aja da melhor maneira que puder.

Regras de
Como fazer amigos e influenciar pessoas
1. Não critique, não condene, não reclame.
2. Faça elogios honestos e sinceros.
3. Desperte no outro um desejo ardente.
4. Desenvolva um interesse genuíno pelos outros.
5. Faça o outro se sentir importante – e seja sincero.

6. Demonstre respeito pela opinião alheia. Nunca diga "Você está errado".
7. Comece sendo amigável.
8. Faça com que o outro diga "sim" imediatamente.
9. Deixe a outra pessoa sentir que a ideia é dela.
10. Apele para motivos mais nobres.
11. Aponte os erros alheios de forma indireta.
12. Fale sobre os próprios erros antes de criticar o outro.
13. Faça perguntas em vez de dar ordens diretas.
14. Preserve a dignidade do outro.

Sobre o autor

Dale Carnegie nasceu no Missouri em 1888. Escreveu seu famoso livro *Como fazer amigos e influenciar pessoas* em 1936 – um marco que cimentou a rápida disseminação de seus valores centrais por todos os Estados Unidos. Na década de 1950, as bases da Dale Carnegie Training tal como existe hoje começaram a tomar forma. O autor faleceu pouco depois de 1955, deixando seu legado e seu conjunto de princípios fundamentais a serem disseminados nas décadas seguintes.

Hoje a Dale Carnegie Training faz parceria com corporações de médio e grande porte, além de organizações, para produzir resultados mensuráveis nos negócios melhorando o desempenho dos empregados com estratégias que enfatizam temas como liderança, vendas, participação dos membros das equipes, serviço ao cliente, apresentações, melhoria de processos e outras habilidades administrativas essenciais. Já identificada pelo *The Wall Street Journal* como uma das 25 maiores franquias de alto desempenho, a Dale Carnegie Training disponibiliza seus programas em mais de 30 idiomas em mais de 90 países. A Dale Carnegie Training tem entre seus clientes mais de quatrocentas das empresas listadas na Fortune 500. Aproximadamente 9 milhões de pessoas passaram pela Dale Carnegie Training. Para mais informações, visite: www.dalecarnegie.com.

CONHEÇA OUTROS LIVROS DO AUTOR

Como falar em público e encantar as pessoas

Os ensinamentos de Dale Carnegie ganharam fama mundial e continuam a inspirar milhões de leitores não por apresentarem truques engenhosos, mas por valorizarem uma verdadeira conexão entre as pessoas.

Neste livro, ele parte desses mesmos princípios para ajudar você a preparar e organizar uma apresentação, seja ela de apenas cinco minutos diante de um grupo pequeno ou de meia hora para um auditório lotado.

Você vai descobrir o que é fundamental para entreter seus ouvintes e também para informá-los, persuadi-los e inspirá-los a agir motivados pela sua mensagem.

E talvez o mais importante de tudo: este livro vai lhe mostrar como perder o medo das apresentações orais de uma vez por todas.

Como se tornar inesquecível

Seja na sua profissão, no seu círculo social ou em qualquer projeto, este livro mostra como desenvolver as qualidades para você se destacar na multidão e ser lembrado como uma pessoa extraordinária.

As melhores ideias jamais sairão do papel se não forem transmitidas com paixão, assim como o mais bem preparado do grupo jamais será um grande líder se não souber comunicar sua visão.

Conteúdo, eficiência ou técnica não bastam: você precisa se mostrar inesquecível para ocupar um lugar especial no mundo.

Em *Como se tornar inesquecível*, você vai aprender os segredos para causar uma impressão positiva e duradoura, entre eles:

- As seis etapas para resolver problemas de comunicação
- Uma nova maneira de irradiar confiança
- Como superar as dificuldades e lidar com o medo
- As cinco principais habilidades sociais de uma pessoa fascinante

Depois que você aprender a se destacar naturalmente, as pessoas à sua volta se mostrarão mais abertas e amigáveis do que nunca.

Como fazer amigos e influenciar pessoas na era digital

Este livro traz uma abordagem moderna para o clássico de Dale Carnegie, adaptando a mensagem original aos desafios de hoje.

Você aprenderá a se comunicar com delicadeza e tato, a criar uma rede de contatos sólida, a projetar uma imagem positiva e a dominar as ferramentas digitais. Veja algumas maneiras de colocar isso em prática:

- Mude a forma de usar as redes sociais. Evite apontar o dedo e fazer críticas e passe a incentivar e elogiar. O modo como você fala faz toda a diferença.
- Pense duas vezes antes de dizer algo de que poderá se arrepender. Se você desenvolver o autocontrole, evitará perder horas tendo que se retratar.
- Torne suas mensagens relevantes, retirando o que só favorece você mesmo, e evite falar mal das pessoas como estratégia para se diferenciar.
- Acalme-se antes de se comunicar. Quando algo ruim acontece e deixa você desanimado ou irritado, os cinco primeiros minutos são os mais perigosos.
- Tenha a diplomacia como critério padrão. Admita que pode estar errado e que o outro pode estar certo. Seja agradável. Faça perguntas. E, acima de tudo, considere a situação do ponto de vista do outro e demonstre respeito.

CONHEÇA OS LIVROS DE DALE CARNEGIE

Como fazer amigos e influenciar pessoas

Como evitar preocupações e começar a viver

Como fazer amigos e influenciar pessoas na era digital

Como falar em público e encantar as pessoas

Como se tornar inesquecível

Como desfrutar sua vida e seu trabalho

Para saber mais sobre os títulos e autores da Editora Sextante,
visite o nosso site e siga as nossas redes sociais.
Além de informações sobre os próximos lançamentos,
você terá acesso a conteúdos exclusivos
e poderá participar de promoções e sorteios.

sextante.com.br